ともにこの道を

キリスト道 入門書

カトリック長崎大司教区 小共同体推進室

サンパウロ

目　　次

小共同体づくりを目指して
～『ともにこの道を』の発刊に寄せて～

カトリック長崎大司教区長

大司教　髙見三明

2015年3月17日、日本の教会は信徒発見150周年を記念します。この機会を実りあるものにするため、長崎大司教区では、3年の準備期間を経て、昨年5月から11月にかけて初めての教区代表者会議（教区シノドス）を開催しました。

その会議の中で浮上したさまざまな問題の根本は、禁教令の中、7代にわたって守り伝え、信教の自由を得た後も連綿とつないできたはずの長崎の神さまの民の信仰が根幹から揺らぎ、あるいは薄らいでいるという危機的な現実です。これをどう建て直すのかが最大の課題です。これは、福音宣教の前提になる重大事です。

ところで、福音宣教は、キリストを知らず、キリストと出会ったことのない人々に福音を宣べ伝えることだけでなく、キリスト者自身の福音化、つまり福音の教え、あるいは精神によって内面から変えられていくことをも意味します。この信徒自身の福音化のための有効な手段の一つは、聖書の朗読と分かち合いです。分かち合うためにはグループが必要であり、そのグループが成長すれば、小教区、さらには教区の成長につながるはずです。

2001年、前任者の島本要大司教様は、ソウル大司教区が実施していた小共同体づくりを長崎でも試みようと、まずソウルなどへの視察を始めました。わたし自身、1997年にカトリック名古屋研修センターで小共同体についての研修会に参加し、その意義を確信していましたので、島本大司教様の後継者として、2004年、教区本部事務局に「小共同体推進室」を設置し、何冊かの本も出版しました。しかし推進の仕方に問題があったため、思うように理解が得られず、進展しませんでした。

そのような中、教区信徒使徒職評議会が「聖書愛読マラソン」を個人レベルで始め、教区評議会に引き継がれてから小教区単位で「聖書愛読運動」が行われてきました。わたしは、これを、「みことばの分かち合い」の下地をつくる動きとして大いに推奨したいと思います。

このような小教区づくりは、みことばの分かち合いを土台に行われますが、その分かち合いを求道者にしていただくことが、すでに各国で行われています。本教区においても試みるに値します。そこで、本書の発刊となりました。もっとも本書は、求道者のためだけではなく、大人の信徒の生涯養成のためにも役立つように作られています。

とにかく手に取って、小教区内の地区ないし班単位で使ってみてください。目に見える成果が期待できると思います。

歩みはじめに

1．この本の由来

　この本は "*Our Journey Together*"（『共に歩む旅』）という原本の考え方に従って作られたものです。このイメージは、イエスが十字架にかかって亡くなられた後、二人の弟子がエマオへ行く途中で復活されたイエスが同伴して、いろいろ教えてくださった場面や、イスラエルの民がエジプトからカナンの地に旅する場面からもきています。すなわち、信仰を同じくする民が、老いも若きも互いに教え合い、学び合いながら信仰の旅を続けるということです。

　浦上四番崩れで日本各地に流配された私たちの信仰の先輩たちは、流配されたことを「旅」と呼びましたが、このテキストのタイトルは、私たち長崎教区にある者にとっては、ふさわしいもののように思えます。

2．対象者

　この学び合いの対象者は、第一に「信仰入門者」であり、第二に私たち「堅信以降の信徒」、つまり、キリスト者の信仰の成熟のためのものです。

3．特徴

①神さま（イエス）が同伴者です。

　この学び合いの主人公は、復活したイエス、あるいは聖霊または神さまという考え方に基づいています。エマオへの旅の途中いろいろ教えてくださったのは復活したイエスであり、エジプト脱出の旅でイスラエルの民をいろいろな形で教え導いたのは神さまであったように、この学び合いで教え導いてくださるのはカテキスタではなく神さま（イエス）ご自身であるという考え方です。

②聖書と聖伝が源泉です。

　キリスト道の源泉は「聖伝」と「聖書」であると教会は教えています（『要理教育』27項）。これまで私たちが学び合いの源泉としていたものは、どちらかというと聖伝でした。聖書はその聖伝を補足説明するために使用されたと言ってもいいかもしれません。しかし、この学び合いでは、聖書により積極的に目を向け、みことばに照らして人生を見つめ、神さまの国の実現に向かって歩みを進めようというものです。

③入門者共同体を構成します。

　この学び合いに参加するのは、入門者であり、このグループを世話する進行係です。また、入門者を教会に連れてきた紹介者（この人は将来、入門者の代父母になります）であり、入門者の近くに住む信徒たちです。これらの人々は入門者共同体を構成

して、ともに信仰の旅を歩むのです。

④分かち合い方式で行います。

　この学び合いでは、学びの専門家が教えるというやり方ではなく、参加者が神さまの前で、同じ立場で、各自が経験したことや感じたことなどを分かち合いながら進めていきます。進行係はテキストに記載されたとおり進行していくのみで、参加者と同じように分かち合いに参加していきます。

　また、神さまはすべての人間を創造され、すべての人を天の国へ導こうとされています。したがって、神さまの恵みは洗礼を受けた人のみに与えられたのではなく、まだ洗礼を受けていない人にもそれぞれのタレントやすばらしい人生の経験を与えてくださっているのです。そこで、この入門者共同体の中では、洗礼を受けた人も、洗礼をまだ受けていない人も、ともに貴重な人生体験を分かち合いながら、学び合いを進めていきます。

⑤地区（班）集会にも参加します。

　入門者はこの入門者共同体に入ったら、できるだけ早く近所の地区（班）集会に参加するようにします。これまで洗礼を受けてから地区（班）集会に参加するというケースがほとんどでしたが、入門者の段階から参加するようにと教皇ヨハネ・パウロ二世の使徒的勧告『要理教育』24項で強く勧められています。

4．従来の要理学習との比較

　次の表は、従来の要理のように専門教育を受けたカテキスタ（要理教師）が学校の教室のように生徒に教えるという方法と、入門者共同体の参加者が皆で学び支え合うという方法を、少し際立たせる形で比較したものです。後者は、これまで不足しがちだった信仰と生活の一致が図られるという特徴があり、洗礼後の教会離れが少ないと評価されています。

　この学び合いを生かすには、不足しがちな理論面を補うことが必要です。例えば、同じテーマで理論的な説明を行ってから、この方式に移る。あるいは、月4回の集まりの中で、1回は理論面の説明をするなどです。

従来の要理	『ともにこの道を』
カテキスタが教える	進行係は世話をするのみ
頭で理解する	信じて実行する
一方的（受身）	自分も参加し発言する
信仰と生活が遊離の危険	信仰と生活が一致
要理（知識偏重）	福音（全人格形成）
受洗後、孤立、さびしい	受洗後、共同体の中で交わり
理路整然としている	理論面の補強が必要

5. 知的整理のための学びとの連携

　　この学び合いの方法は、学びに、より積極的に参加することができ、かつ実践的であり、生活との一致も進められる効果があります。また、この学び合いそのものが研修となり、それも最も望ましい研修会の日常化ということになり、カテキスタ養成を兼ねたものとなる可能性もあります。

　　しかし反面、知的整理という面では、若干、難があることも事実です。「覚えましょう」のコーナーである程度補足はできますが、従来の知的説明型の学びとの合わせ技が取り入れられれば、さらに重層的で、効果的学びが期待されます。

6. 洗礼の準備はこの一冊で十分

　　かつて生涯学習および分かち合い方式による共同体づくりと同時進行で行われる学びの方法を知らなかった頃は、洗礼前にできるだけ多くの知識を詰め込むことが重要視されたものです。

　　しかし今では、洗礼はともに学び続ける途上で拝受する節目の秘跡として考えられるようになっています。洗礼後も、いつもと変わらぬ学び合いがともに続けられ、次第に習熟していけば、それこそ、小教区そして教区の底上げにつながることでしょう。

参考テキストの紹介

1.『カトリック教会のカテキズム』
　　　　　　カトリック中央協議会　2002 年 7 月 31 日発行
2.『カトリック教会の教え』新要理書編纂特別委員会編集
　　　　　　カトリック中央協議会　2003 年 4 月 8 日発行
3.『カトリック教会のカテキズム要約』
　　　　　　カトリック中央協議会　2010 年 2 月 1 日発行
4.『*YOUCAT*（日本語）―カトリック教会の青年向けカテキズム』
　　　　　　カトリック中央協議会　2013 年 6 月 30 日発行
5.『共に歩む旅』オズワルド・ハーマー 著、深堀　純 訳
　　　　　　サンパウロ　2006 年 3 月 19 日発行
6.『要理教育』教皇ヨハネ・パウロ二世　使徒的勧告
　　　　　　カトリック中央協議会　1980 年 5 月 25 日発行

『ともにこの道を』の進め方

1. 聖書の位置づけ

　　新しい学び合い『ともにこの道を』では、聖書を通して神さまの現存に触れ、神さまのことばに照らして自分の生活を見つめ、信仰と生活の一致を図るように工夫されています。聖書から知識としての解答を得ようとすることではなく、神さまのみことばに耳を傾けながら祈るという方法で聖書を使います。ですから聖書について研究し、知識を積んでいく聖書研究と違い、私たちの中に生きておられるイエス・キリストと直接出会うという方法で聖書を読んでいきます。

2. 進行係の役割

　　入門者共同体に属する人なら誰でも進行係になれます。
　　進行係は入門者共同体がこの学び合いをうまく運んで導いていくことができるように助けを与える人であって、学び合いの中で知識を伝達する人ではなく、入門者共同体とともに信仰の旅を歩みながら彼らを激励し、入門者共同体に活気を与える人なのです。

3. 進行方法

（1）進行係が行うこと
　　①集いの参加者たちを歓迎します。
　　②進行係は参加者たちに始めの祈り（神さまを招く祈り）を行うようにうながしてから、テキストの「A．私たちの身の周りのことから」、「B．神さまのことば」を読んでくださるように依頼します。
　　③進行係は参加者に、このテキストに書かれている質問を行います。参加者たちが質問をよく理解することができなければ、繰り返します。
　　④進行係は、なるべくたくさんの人々が自分の意見を言うことができるように励まします。特に慣れていない人々も意見を言うことができるように配慮します。
　　⑤進行係は、第一の段階から次の段階に移っていく場合に、どのタイミングで次の段階に移っていけばよいかを、全体の雰囲気から判断し、準備します。
　　⑥参加者が質問をしたときは、進行係が自分で答えないで、「この質問について皆さんはどう考えますか」、「この質問について答えられる方がいらっしゃいますか」と、他の人に答えるチャンスを与えます。

（2）進行係がそれぞれの段階で知っておくべき事項

❶「始めの祈り」（招きの祈り）

　　　短い「自由な祈り」で神さまを招きます。この時、進行係は始めの祈りをする人を指名しないで、誰でも自発的に祈りをすることができるように導きます。また、進行係も祈りをすることができますが、その時期は真ん中くらいにするのがいいでしょう。

　　　祈りの内容は、愛する人とことばを交わすように温かく簡単なものにします。

＊始めの祈りの例文
　・神よ、私たちとともにいてください。
　・私たちは復活されたキリストが私たちとともにいらっしゃることを信じます。
　・愛であるキリスト、この集いの主人はあなたです。
　・神であるキリスト、ここに来てくださり、私たちを導いてください。
　・神よ、この席においでくださり、私たちの心を愛で満たしてください。

❷「A．私たちの身の周りのことから」の段階
　①写真（または文）は、私たちの身の周りの現実を表していて、それを見ることによって問題意識を持たせます。
　②次に、この写真（または文）から感じたことを分かち合います。その際、いろいろな質問と対話は、私たちの現実を振り返ってみて問題意識を持つように助けてくれます。
　③進行係は参加者たちが積極的に参加することができるように励まし、手伝います。進行係も参加者（入門者）と対等の立場で対話に参加しますが対話を誘導しないようにします。
　④対話の雰囲気が知的な討論に流れないよう導き、キリストがともにおられるという霊的な雰囲気が維持されるように努めます。
　⑤対話は、まず近くの二人が対話をしてから（今後、この二人の対話を「一組対話」と呼ぶことにします）、その内容を全体でもう一度分かち合うこともできます。
　⑥この段階では自由な対話ができるようになればよいのですが、時にテーマから離れていくことも予想されます。そのようなとき、いくつかの意見をめぐってさらに対話をすすめる段階（○、×、△、？、！のしるしを付けるところ）を用意しています。これはこの課で学ぶテーマに少しでも戻り、テーマから離れないよう意識づけるためのコーナーです。

❸「B．神さまのことば」の段階
　①キリストはみことばを通して私たちの所においでくださり、私たちととも

におられます。したがって聖書のみことばはキリストの現存を現す「秘跡的しるし（準秘跡）」です。

②聖書は私たちの人生を映してみることができる鏡です。

③聖書は参加者たちが誰でも朗読することができます。

④聖書のみことばを読んだ後、心に触れたみことばを分かち合います。

⑤聖書のみことばと一緒に提示された絵は聖書の内容を表現したものです。聖書のみことばと関連した聖書の絵を見ながら質問に対する答えを交わします。

❹「聖書参考箇所」

提示された聖書の箇所を個人的にあるいは共同体で一緒に読むことができます。

❺「Ｃ．さらにもう一歩」の段階

①福音に照らし合わせて現実を眺め、具体的にどのように生活（行動）するかを決める段階です。

②参加者たちが神さまのみことばにより変えられた人生を生きようと努力し、その体験をお互いに分かち合う時、お互いの信仰はより豊かになるでしょう。

❻「覚えましょう」の段階

この項には信仰生活をしながら入門者たちが覚えておくべきことが示されています。従来の問答形式の要理と同じです。一緒に読み、進行係は簡単な説明をすることができます。進行方法は次のとおりです。

①どなたか、読んでくださいませんか。

②理解できない部分がありますか。

③この文は今日の分かち合いの整理のために役に立ちますか。

（3）進行係のためのメモ

このさまざまな分かち合いを進めてその課の学びを終えるにあたり、何らかのまとめをしたい時、あるいはその課のテーマを適切に捉えたのか確認したい時、参考にしてほしいポイントを記しています。進行係は、この項目をあらかじめ読んでおくことをお勧めします。

4．グループの自己評価

当日の課程が終わったら、以下の順序に従って自己評価をします。自己評価は進行方法を改善するのに役立ちます。

①進行する間、霊的な雰囲気が保たれましたか。

②進行係の導く方法はどうでしたか。

・進行係の使った方法の中で良かったものは何でしたか。

・参加者たちを大人として接しましたか。逆に子供を教える教師のように行いましたか。

・早く進行し過ぎたり、逆にゆっくりし過ぎたりしませんでしたか。

・テキストに忠実に従って進めましたか。逆に自分の解説や説明を必要以上に付け加えませんでしたか。

・進行係が話し過ぎて「支配」的になりませんでしたか。

・進行係はすべての人が積極的に参加できるように配慮しましたか。

③参加者たちは、どのように参加しましたか。

・ある人があまり長く、またしばしば発言して、他の人々の参加するチャンスを奪いませんでしたか。

・討議する時、お互いのことばに耳を傾けましたか。

④集いを邪魔する要素（雑音や室温など）はありませんでしたか、など。

第1課　神さまとは、どんな方ですか

進行係：（参加者を歓迎して、十字架のしるしをしながら集いを始める）。

神よ、この集いにおいでくださり、私たちを導いてください。

Ａ．私たちの身の周りのことから

1．進行係：どなたか、次の話を読んでくださいませんか。

【お母さんの傘】

　私は生まれた時から体が不自由で、松葉杖や車椅子の生活をしています。誰かの手を借りずに旅行に行ったりすることは不可能ですが、そんな私が友だちと電車に乗り、海に行って泳いだり、バレーボールをしたり、炊事をする夢を見ることがあります。

　時にはお母さんに癇癪（かんしゃく）を起こしたりもしますが、そのたびに、母は私をなだめたり笑わせようと苦労します。母の気持ちを分かっていながら、母を傷付けてしまう自分がいやになるときも数多くあります。

　小学校3年生のある日、朝から大雨が降り登校の時には母に見送られながらスクールバスに乗りました。しかし、午後になっても雨はやまず帰りのスクールバスから降りてみたら、母の姿が見えません。

　母の姿が見つからず寂しかったのですが、一人ででも家に帰られることを見せたくて、私はおそるおそる自分の足で歩こうとしました。しかし、すぐ倒れてしまいました。

　人々に見られるのが恥ずかしくて、急いで起きあがろうとしましたが、心はあせるものの体は言うことをききません。ようやく起きあがり、足を運ぶ私に、誰かが後ろから傘をさしてくれました。振り向くと、そこに母が立っていました。目には涙を溜めたまま……。

　私は今も母のさしてくれた傘の中で、自分は一人ぼっちではないことを発見し、胸が一杯だった幸せな日を思い出したりしています。

『京郷雑誌』（韓国）1998年9月より

2．進行係：この話を皆で味わいましょう。

　　1）障害を持つ子供を見守っていた母の思いは、どんなものだったと思いますか。
　　2）自分が誰かから深く愛を受けた体験があったら、皆で分かち合ってみましょう。
　　　　（一組対話をしてから全体で発表する）。
　　3）いわゆる「神さまの傘」があると思いますか。

3．進行係：次の意見について、○（賛成）、×（反対）、△（分からない）、？（疑問）、！（なるほど）のしるしを付け、その理由を出し合い、分かち合ってみましょう。

　　□1）この母親は子供が障害を持っており、苦しんでいたのだから、すぐに手を貸して助けてあげればよかったのに。

　　□2）神さまはこの母親のように人間のそばにおられるのではなく、威厳に満ちて遠い天におられる方である。

　　□3）「苦しい時の神頼み」ということばがあるように、神さまは苦しい時、困った時だけ拝めばよい。

Ｂ．神さまのことば

Ａ）人生の旅の途中で、私たちは時々自分を越える絶対的な存在を感じることがあります。抽象的な理屈で割り出したものではない、そのような存在を「神」と呼びます。それは天の高みにおられる遠い存在であったり、とても身近に感じたり、人によってさまざまです。聖書はどんな神さまを紹介してくれるのでしょう。

1．進行係：どなたか、ルカによる福音書15章11節から32節（放蕩息子のたとえ話）を読んでくださいませんか。
　　　　──聖書を読む──

　　　　他の方が、もう一度読んでくださいませんか。
　　　　──聖書を読む──

２．進行係：次の聖書の句を一人ずつ、祈るように読んでくださいませんか。

（同じ句を３回繰り返して読む間、他の人々は沈黙を守ります）。

「父の所に帰って」（３回）
「あわれに思い」（３回）
「走り寄って首を抱き」（３回）
「いなくなっていたのに」（３回）

３．進行係：（参加者たちに質問する）。

１）下の息子が父のもとに戻って行くときの気持ちを、お互いに話し合ってみましょう。

２）父は帰ってきた息子をどのように迎えましたか。

３）上の息子の問題は何でしょうか。

４）父の心を理解しなかったのは、この二人の息子のうちどちらでしょうか。

Ｂ）「神さまはこの世の困難と苦しみの中にいる私たちに、真の平和をもたらしてくださる休息の場であり、魂の安息の場である」と福音書は紹介しています。次の聖書のことばを書きとめたり、暗唱できるほどに繰り返してみましょう。

「疲れた者、重荷を負う者は、だれでもわたしのもとに来なさい。休ませてあげよう。わたしは柔和で謙遜な者だから、わたしの軛（くびき）を負い、わたしに学びなさい。そうすれば、あなたがたは安らぎを得られる。わたしの軛は負いやすく、わたしの荷は軽いからである」（マタイ 11・28-30）。

参考聖書

詩　編	139・1-14	：神よ、あなたはわたしを知っておられます
イザヤ	49・15、54・7	：神さまの愛
1ヨハネ	4・7-21	：神さまは愛

C．さらにもう一歩

　神さまは人間の魂の深い所に、神さまを慕う心を置かれました。だからすべての人は、生まれた時から渇くように神さまを求め、心の故郷である神さまのもとにたどりつくまで休息を見いだすことはできません。神さまは私たちが神さまを探す前から私たちを知っておられ、神さまを求めるよう招いておられます。信じて受け入れれば、私たちとともにおられる神さまが私たちをどれほど愛し、守ってくださるのか実感できるようになるでしょう。

1．進行係：（参加者たちに質問する）。

　　1）なぜ教会に足を運ぶようになったか、お互いに話し合ってみましょう。
　　2）「人間が神さまを信じるのか、神さまが人間を信じるのか」、どちらだと思いますか。
　　3）最後に最初の話「お母さんの傘」に戻って、その感想がどのように変わったか、話し合ってみましょう。

2．進行係：それでは、十字架のしるしをしながら、集いを終わりましょう。

　　　　　　父と子と聖霊のみ名によって。アーメン。

進行係のためのメモ

　人は愛すると胸がいっぱいになります。そしてその喜びを他の人と分かち合いたくなるものです。これは、創造主に由来することです。神は神秘ですが、人間であるわたしたちも、神について次のようにいえます。「あふれんばかり」の愛から、神はわたしたちをお造りになった。神はご自分の愛の創造物であるわたしたちと、終わることのない喜びを分かち合いたかったのだと。（『*YOUCAT*〈カトリック教会の青年向けカテキズム〉』2）

覚えましょう

1. いつ十字架のしるしをしますか。
   ＊お祈りの始めと終わりに、このしるしをします。

   祈りの時だけでなく食事の前や後、信徒たちが集まって一緒に仕事や会議を始める時と終わる時にも十字架のしるしをします。

2. 十字架のしるしは何を意味しますか。
   ＊十字架のしるしは、父と子と聖霊の三位一体の神さまの愛の交わりの中に私たちが入っていくことを意味します。

   十字架のしるしには大きな十字のしるしと、小さな十字のしるしがあります。普通は大きな十字のしるしをします。小さな十字のしるしは手の親指で額、唇、胸に小さな十字のしるしをします。ミサの中で福音を読む前に小さな十字のしるしをするのは、福音のみことばを頭で悟り、口で伝え、心に取り入れて実践するという意味が込められています。

3. 「アーメン」とはどんな意味ですか。
   ＊「本当にそうです」、「本当にそうなることを願っています」という意味です。

   祈りの最後に「アーメン」と言うのは、その祈りに同意して、その祈りが実現しますように、という心が込められています。

4. 聖水は普通の水と違うのですか。
   ＊聖水は通常の水と違い、司祭が祝福した水です。

   信徒たちは聖堂に入る時に聖水をつけて十字架のしるしをしながら「神よ！ この聖水で私の罪を洗って取り除き、悪霊を追い払い、悪い考えをなくさせてください」と祈ります。そして各家庭に聖水を少し準備しておき、祈りをする時や病気になった時、いのちの象徴である聖なる水に神さまのいのちを重ねていくのです。

5. 両親は他の宗教を信じています。私だけカトリックになっていいのですか。
   ＊もちろん、問題ありません。

   私たちは生きていく間、解くことのできないいろいろな疑問を持ちます。「なぜ人生は、これほどまでに困難に満ちているのか」、「なぜ私だけにこんな不幸が」、「死後はどうなるのだろうか」、「どうすれば心の平和を得られるのだろうか」など。

このような問いについて、それぞれの宗教は独自の究極的な答えを提示します。カトリックは他宗教の提示する真理の教えを尊重します。また他の宗教を信じる人々の生活と行動様式だけでなく、彼らの戒律と教義も尊重します。ですから家族が他の宗教を信じていると言っても、何も問題になることはありません。

6. **カトリックになっても他宗教方式で先祖の供養を行ってもいいのですか。**
  ＊はい、先祖供養をしてもかまいません。

　先祖供養は自分を生み育ててくれた先祖に対してその恩に報いるために、生存中と同じく崇敬することです。
　カトリックも先祖供養を誠意を込めて行います。そして彼らが、神さまの国で永遠の安息を得られるよう祈ります。

第2課　神さまの呼びかけを受けている私たち

進行係：（参加者を歓迎して、十字架のしるしをしながら集いを始める）。

2～3人の方が、祈りで神さまをこの席に招いてくださいませんか。
（誰でも自由な祈りをささげていいですし、下の例文で祈ってもよい）。

・神よ、この席に来て、私たちとともにいてください。
・愛である神よ、私たちがあなたの愛を感じることができるように助けて
ください。

Ａ．私たちの身の周りのことから

　私たちはなぜ信徒になりたいのか、あるいはなぜ信徒になったのか、必ずしも説明できません。しかし神さまは常にいろいろな方法で私たちを招いておられます。神さまの呼びかけに対する私たちの反応もいろいろな形で現れます。

1．進行係：下の写真を見ましょう。

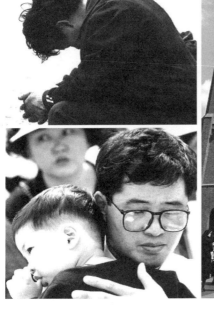

2．進行係：写真を見て感想を分かち合いましょう。

　　1）この写真の人々がどんな思いを持っているか、推察してみましょう。
　　2）近くの親しい知り合いや友人、隣人で教会に通う人がいますか。
　　　　彼らの姿を見ながらどんな考えを持ちましたか。
　　　　（一組対話を交わしてから全体の集いで発表する）。

3．進行係：次の意見について、○（賛成）、×（反対）、△（分からない）、？（疑問）、！（なるほど）のしるしを付け、その理由を出し合い、分かち合ってみましょう。

　　□1）私は、たまたまカトリックの環境の中で生まれたのでカトリックになったが、そうでなければ信徒になっていなかった。

　　□2）結婚相手がたまたまカトリックだったが、神さまは彼（彼女）を通して私を招いておられたのだ。

　　□3）カトリックのことを全然知らない人も神さまは招いておられる。

　　□4）神さまの招きは実際に見えたり聞こえたりするものだ。
　　　　例えば、ときどき感じる「むなしさ」なども神さまの呼びかけなのだ。

B．神さまのことば

A）イエスが最初の弟子たちを呼ばれる場面を分かち合ってみましょう。

1．進行係：どなたか、マタイによる福音書4章18節から22節（4人の漁師を弟子にする）を読んでくださいませんか。
　　　　――聖書を読む――

　　　　他の方が、もう一度読んでくださいませんか。
　　　　――聖書を読む――

2. 進行係：次の聖書の句を一人ずつ、祈るように読んでくださいませんか。
　　　　　（同じ句を3回繰り返して読む間、他の人々は沈黙を守ります）。

　　　　　「わたしについて来なさい」（3回）
　　　　　「網を捨てて」（3回）
　　　　　「イエスに従った」（3回）

3. 進行係：（参加者たちに質問する）。

　　1）イエスは自分に従おうとする人々に何を要求されますか。一緒に調べてみま
　　　　しょう（20〜22節を参照してください）。
　　2）彼らはなぜ、網と船を残してイエスに従ったのでしょうか。

B）イエスがその昔、弟子たちを呼ばれたように、今私たちを呼んでおられます。イエ
　スは私たちの痛みを癒やしてくださり、本当の人生を生きていくように私たちを招
　かれます。次の聖書の箇所を読み、質問への答えを皆で探してみましょう。

　　　イエスはこれを聞いて言われた。「医者を必要とするのは、丈夫な人ではなく病
　人である。『わたしが求めるのは憐れみであって、いけにえではない』とはどうい
　う意味か、行って学びなさい。わたしが来たのは、正しい人を招くためではなく、
　罪人を招くためである」（マタイ9・12-13）。

　　1）あなたは医者を必要としないほど、からだが丈夫ですか。

2）ときどき酒に酔った人が「おれは飲んでいない」ということがあります。病気なのに病気でないと思いこむことはありませんか。

3）「正しい人を招くためではなく」とありますが、神さまは正しい人を招かれないのでしょうか。それともこの「正しい人」は別の意味があるのでしょうか。

参考聖書

マタイ　　9・9-13　：マタイを弟子にする
ル　カ　　5・27-32　：レビを弟子にする
ル　カ　　14・25-33　：弟子の条件

C. さらにもう一歩

弟子たちはためらわないで、自分のすべてのものをそこに残して、イエスに従って出かけました。彼らはイエスを通して本当の人生の道を見いだしたからだと思います。今イエスは、私をどんな形で招いておられるのでしょうか。

1．進行係：（参加者たちに質問する）。

1）イエスはこの私に、どのように呼びかけていると思いますか。

2）イエスに従おうとする時、私が捨てなければならないものがありますか。あるとすれば、それは何だと思いますか。
（一組対話を交わしてから全体の集いで発表する）。

3）「捨てる」とはどんな意味だと思いますか。

2．進行係：十字架のしるしの練習をしてみましょう。

1）まず左手を自分の心臓の上に置き、そのいのちの鼓動を確かめる。

2）次に右手で、額、みぞおち、左肩、右肩の順に十字を切る。

3）同時に「父と子と聖霊のみ名によって」と唱える。

4）神さまの心臓の鼓動を感じ取るよう、思いを集中する。

5）最後に手を合わせ、自分の心臓を左手に、神さまの心臓を右手にイメージし、重ね合わせる。

6）こうして、神さまの招きと自分の応答の完結としての十字架のしるしをつくり上げる。

3．進行係：もう一度、初めの頁の写真を眺め、この人々の思いを確認してみましょう。

4．進行係：各自、自由に感謝の祈りをささげて集いを終わりましょう。

進行係のためのメモ

＊参加者が弟子たちと自分たちをすぐに重ね合わせることができるかどうかに
　留意します。
＊すぐにことばで表現できなくても心配はいらないことを説明し、安心感を与
　えます。

　神はわたしたちの心に、神を探し、見つけたいというあこがれを据えられた
んだ。聖アウグスチヌスはこう言った。「あなたはわたしたちを、ご自分に向
けてお造りになりました。ですから、わたしたちの心はあなたのうちに憩うま
で安らぎを得ることができません」と。この神へのあこがれを宗教というんだ
ね（『*YOUCAT*』3）。

覚えましょう

7．聖書は誰が書いたのですか。
　＊聖書の「原著者」は神さまですが、実際に人間に理解することができるように書
　　いたのは人間ですから、ある意味では「人間」も著者だと言えます。

　神さまによって救いを体験した人々の話を文章にしたものが聖書の始まりです。
ところで聖書は最初から文章として記録されたのではなく、長い間、口から口に伝
えられ、あとで文章として記録されたと言われます。
　だから聖書を直接書いた人が誰であると、明確に言うことはできません。旧約聖
書の記録はイスラエルの民が行い、新約聖書は初代キリスト教共同体が記録したと
言うことができます。

8．聖書はいくつの文書から成り立っていますか。
　＊旧約聖書は 46 文書、新約聖書は 27 文書、計 73 文書から成り立っています。

　イエスの誕生前のことを記録した文書が「旧約聖書」であり、それ以後について
記録された文書を「新約聖書」と言います。

第3課　キリストに従うとは

進行係：（参加者を歓迎して、十字架のしるしをしながら集いを始めます）。

　　　　　2〜3人の方が、祈りで神さまをこの席に招いてくださいませんか。
　　　　　（誰でも自由な祈りをささげるか、以下の例文で祈ってもよい）。

　　　・主よ、私たちとともにいてください。
　　　・主よ、あなたのみことばに耳を傾けることができるよう、私たちを導いて
　　　　ください。

A．私たちの身の周りのことから

1．進行係：次の文章はウエストミンスター大聖堂の地下墓地に埋葬されているある司
　　　　　　教様の墓碑に記されている文章です。どなたか、次の文章を読んでくださ
　　　　　　いませんか。

　私が若くて自由で想像力にあふれていた時、私はこの世を変えるという夢を持った。
もう少し歳を取り知恵を得た時、私はこの世が変わらないことを知った。それで私の望
みを少しせばめて私の生活している国を変化させようと決心した。しかしそれもやはり
不可能な仕事だった。

　たそがれの歳になった時、私は最後の試みとして最も近い私の家族を変えようと決心
した。しかし、誰も変わらなかった。死を迎える床に横たわっている今、私はふと悟っ
た。もし私が自分自身を先に変えることができたら、それを見て家族が変化したはず
だった。また、それに勇気を得て国をもっと良いほうに変えることができただろうに。
そして誰かがそれを見、知ることができたかもしれない。そのとき、この世までも変化
させることができただろうに。

　　　　　　　　　　　　　　　　　　　　　　　　　　　　（『私の霊魂の鶏肉スープ』から）

2．進行係：この文章について分かち合いましょう。

　　1）自分の死が近づいたとき、この司教様は何を悟りましたか。この文章に対する
　　　　お互いの考えを話し合ってみましょう。
　　2）「私が変わってこそこの世が変わる」ということばはどんな意味でしょうか。
　　　　家族や隣人との関係でそんな体験がありますか。
　　　　（一組対話をしてから全体の集いで発表する）。

3．進行係：次の意見について、○（賛成）、×（反対）、△（分からない）、？（疑問）、！（な
　　　　　　るほど）のしるしを付け、その理由を出し合い、分かち合ってみましょう。

　　□1）私を変えてくれたのは、世に言う偉い人や賢い人ではなく、障害を持った
　　　　　方々である。

　　□2）昔の芋洗いのように、人間関係の中で擦り合って、切磋琢磨すれば、一皮も
　　　　　二皮もむけて丸い人間になる。

　　□3）人間も世界も個人で変えることはできない。

　　□4）自分のことで精いっぱいで世界を変えようなんて考えたこともない。

　　□5）長い目で見れば、科学の進歩と同じように、人間も変わってきている。

B．神さまのことば

A）神さまが本当に望まれる生き方とはどんなものか、聖書から学びましょう。

1．進行係：どなたか、エフェソの信徒への手紙4章17節から24節を読んでください
　　　　　　ませんか。
　　　　　　——聖書を読む——

　　　　　　他の方が、もう一度読んでくださいませんか。
　　　　　　——聖書を読む——

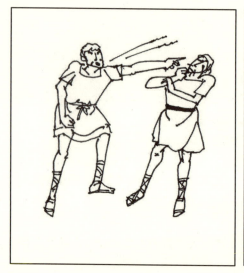 

2．進行係：聖書のことばをともに味わってみましょう。

1）神さまの愛を受けた子供は、どんな姿勢を持たなければならないと思いますか。
2）聖書の文の中で、日常生活において私がしばしば犯す過ちがありますか。
3）「神さまにかたどって造られた新しい人」とはどんな人のことだと思いますか。

3．進行係：次の聖書のことばをともに分かち合ってみましょう。

　そればかりか、わたしの主キリスト・イエスを知ることのあまりのすばらしさに、今では他の一切を損失とみています。キリストのゆえに、わたしはすべてを失いましたが、それらを塵あくたと見なしています。キリストを得、キリストの内にいる者と認められるためです。わたしには、律法から生じる自分の義ではなく、キリストへの信仰による義、信仰に基づいて神から与えられる義があります。わたしは、キリストとその復活の力とを知り、その苦しみにあずかって、その死の姿にあやかりながら、何とかして死者の中からの復活に達したいのです（フィリピ3・8-11）。

4．進行係：次の聖書の句を一人ずつ、祈るように読んでくださいませんか。
　　　　　　（同じ句を3回繰り返して読む間、他の人々は沈黙を守ります）。

　　　　　「キリスト・イエスを知ることのあまりのすばらしさ」（3回）
　　　　　「塵あくた」（3回）
　　　　　「キリストとその復活の力とを知り」（3回）
　　　　　「死者の中からの復活に達したい」（3回）

5．進行係：キリスト者とは、結局どんな人のことだと思いますか。

参考聖書

マタイ	16・24-28	：イエスに従う道
マタイ	19・16-26	：金持ちの青年
ル カ	12・33-34	：富を天に積む
ル カ	14・7-11	：客と招待する者への教訓
1コリント	13・1-13	：愛

C．さらにもう一歩

　私たちの周囲には、たくさんの物を持っていながら、幸せな生活ができない人々がいます。自分が他人よりいい格好をするために、自分の利益のために、他人より豊かになるために、一度自分のものになったものは手放さない生活をしなかったか、しばらく考えてみましょう。イエスは私たちのために自分のからだを私たちに与えてくださいました。イエスは神さまの愛を示しながら、私たちに人生の意味を教えてくださいます。

1．進行係：（参加者たちに質問する）。

　　1）自分の長所を一つずつ、お互いに話してみましょう。
　　2）今、自分の姿を変えることができればと望むものを、一つずつ順番に話してみましょう。そして次の1週間、これを実践してみて、感じた点を次の集いで話してみましょう。

2．進行係：「栄唱」の祈りをしながら集いを終わりましょう。

　　　栄光は父と子と聖霊に。初めのように今もいつも世々に。アーメン。

覚えましょう

9．聖書のいろいろな書や箇所は、どのように探しますか。
　　＊聖書の箇所を探す練習を一緒にやってみましょう。

　　1）聖書の主要部分を見つける練習をしてみましょう。
　　　　●創世記を探してみましょう。
　　　　　それは旧約聖書の最初に出てくる文書です。
　　　　●マタイ福音書を探してみてください。
　　　　　それは新約聖書で最初に出てくる福音書です。聖書を閉じてマタイ福音書がどのあたりにあるのか推測してみてください。それからマタイ福音書を広げてください。これを何度も練習してみましょう。

　　2）旧約聖書で最も重要な本を探す練習をしてみましょう。
　　　　●モーセ五書の名前を暗記してください。
　　　　　創世記・出エジプト記・レビ記・民数記・申命記
　　　　●主要な預言書を暗記してください。
　　　　　イザヤ・エレミヤ・エゼキエル・ダニエル
　　　　●詩編を探す方法を学んでみましょう。
　　　　　詩編は旧約聖書の真ん中部分にあります。聖書を閉じてください。詩編がどのあたりにあるのか推測してみてください。もう一度開いてみてください。これを何度も練習してみましょう。
　　　　●モーセ五書に属する聖書を探す練習をしてみましょう。
　　　　　例）申命記

●主要な預言書を探す練習をしてみましょう。預言書は詩編の次にあります。

モーセ五書　　　　　詩編　　　　　　預言書

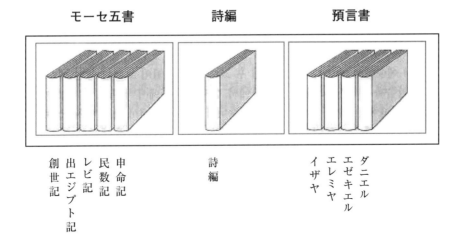

創世記　出エジプト記　レビ記　民数記　申命記　　　詩編　　　イザヤ　エレミヤ　エゼキエル　ダニエル

3）新約聖書を開ける方法を学んでみましょう。新約聖書の主要部分を念頭に置い
てください。
　●四福音書の名前を暗記しましょう。
　　マタイ・マルコ・ルカ・ヨハネ
　●使徒言行録を探してみましょう。
　　使徒言行録は新約聖書の中間の部分にあります。一度、聖書を閉じてから、
　　もう一度開いてみてください。
　　これを何度も練習してみましょう。
　●四福音書を探す練習をしてみましょう。
　　例）ヨハネ
　●パウロの手紙を探す練習をしてみてください。
　　パウロの手紙は使徒言行録の次にあります。

四福音書　　　　　　13通のパウロの手紙と　　全キリスト者のための
　　　使徒言行録　　ヘブライ人への手紙　　　　7通の手紙　　　黙示録

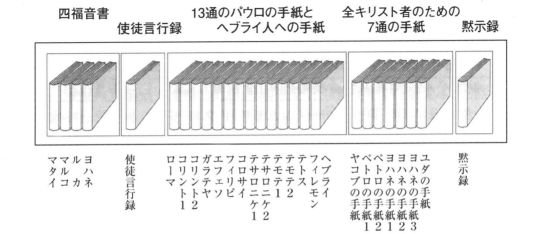

マタイ　マルコ　ルカ　ヨハネ　　使徒言行録　　ローマ　コリント1　コリント2　ガラテヤ　エフェソ　フィリピ　コロサイ　テサロニケ1　テサロニケ2　テモテ1　テモテ2　テトス　フィレモン　ヘブライ　　ヤコブの手紙　ペトロの手紙1　ペトロの手紙2　ヨハネの手紙1　ヨハネの手紙2　ヨハネの手紙3　ユダの手紙　　黙示録

10. 聖書の章・節はどのように区分されましたか。

＊聖書の章・節は 1550 年頃、聖書を読むとき便利なように作られました。

聖書の章・節は聖書を便利に読むために作ったので、その区分が中の内容と必ずしも一致するとはかぎりません。したがって私たちが聖書を読む時、あまり章・節に縛られる必要はありません。聖書の章・節を表記するときには、簡単に次のように表記します。

聖書の章・節を読んで使う方法を練習してみましょう。

聖書の章・節	表　記
ヨハネによる福音書 1 章 1 節	ヨハネ 1・1
マルコによる福音書 8 章 1 節から 10 節	マルコ 8・1-10
イザヤ書 32 章 15 節と 20 節	イザヤ 32・15, 20
ヨハネの第 1 の手紙 4 章 7 節	1 ヨハネ 4・7

第４課　このように祈りなさい

進行係：（参加者を歓迎して、十字架のしるしをしながら集いを始めます）。

　　　　　２〜３人の方が、祈りで神さまをこの席に招いてくださいませんか。
　　　　　（誰でも自由な祈りをささげるか、以下の例文で祈ってもよい）。

　　　　　・主よ、この席においでくださり、私たちとともにいてください。
　　　　　・愛である神よ、ここにおいでくださり、あなたの愛でこの集いを豊かにし
　　　　　　てください。

Ａ．私たちの身の周りのことから

　　限りのある人間は歴史上常に絶対者を求め、その方に頼ってきました。特に宗教心の
強い私たちの先祖は、イエス・キリストを知るずっと以前から自然なかたちで神さまに
祈りをささげてきました。

１．進行係：下の３枚の写真を見ましょう。

2．進行係：写真を見た感想を分かち合いましょう。

　　1）人々は何を祈っていると思いますか。写真を見て想像してみてください。
　　2）あなたは心から祈ったことがありますか。そのとき誰にどんな祈りをしましたか。

3．進行係：次の意見について、○（賛成）、×（反対）、△（分からない）、？（疑問）、！（なるほど）のしるしを付け、その理由を出し合い、分かち合ってみましょう。

　　□1）祈りを知っているのはキリスト者だけである。

　　□2）観光客が教会に来て祈りの邪魔をするので、困ったものである。

　　□3）祈りとは神さまに願いごとをすることである。

　　□4）口先だけの祈りなら、しない方がよい。

Ｂ．神さまのことば

　私たちは祈りを通して神さまと対話することができます。イエスは常に父なる神さまに祈りました。イエスは神さまとの親密な一致の中で生活し、弟子たちに祈る方法を直接教えてくださいました。「主の祈り」はイエスが教えてくださった唯一の祈りで、すべての祈りのモデルになるものです。

1．進行係：どなたか、マタイによる福音書6章7節から15節（主の祈り）を読んでくださいませんか。
　　　　　　——聖書を読む——

　　　　　　他の方が、もう一度読んでくださいませんか。
　　　　　　——聖書を読む——

2．進行係：次の聖書の句を一人ずつ、祈るように読んでくださいませんか。
　　　　　　（同じ句を3回繰り返して読む間、他の人は沈黙を守ります）。

　　　　　「天におられるわたしたちの父よ」（3回）
　　　　　「み国が来ますように」（3回）
　　　　　「わたしたちの日ごとの糧を今日もお与えください」（3回）
　　　　　「わたしたちの罪をおゆるしください」（3回）
　　　　　「悪からお救いください」（3回）

3．進行係：（参加者たちに質問する）。

　　1）「天におられる」父は地にはおられないのでしょうか。
　　　　「天」とはどんな意味だと思いますか。
　　2）私たちが神さまにゆるしを願う前になすべきことは何ですか。
　　3）「み国が来ますように」という願いと「天国に行きますように」という願いは
　　　　矛盾しないのでしょうか。

4．進行係：次の聖書の箇所について、自由に分かち合いましょう。

「求めなさい。そうすれば、与えられる。探しなさい。そうすれば、見つかる。門を
たたきなさい。そうすれば、開かれる。だれでも、求める者は受け、探す者は見つけ、
門をたたく者には開かれる。あなたがたのだれが、パンを欲しがる自分の子供に、石を
与えるだろうか。魚を欲しがるのに、蛇を与えるだろうか。このように、あなたがたは

悪い者でありながらも、自分の子供には良い物を与えることを知っている。まして、あなたがたの天の父は、求める者に良い物をくださるにちがいない」（マタイ7・7-11）。

参考聖書

　マタイ　　　6・5-6　　：祈るときには
　マタイ　　　6・25-34 ：思い悩むな
　ル　カ　　　18・9-14 ：「ファリサイ派の人と徴税人」のたとえ

C． さらにもう一歩

1．**進行係**：祈りの構成要素である神さまへの「賛美と感謝と願い」を含んだ祈りを誰かのために作ってみましょう。

2．**進行係**：この課の初めの写真をもう一度見つめ、祈る人間の姿を確認してみましょう。

3．**進行係**：一緒にゆっくりと、「主の祈り」を唱えてこの集いを終わります。（176頁）

進行係のためのメモ

　私たちは祈りを通して神さまの愛を体験し、その声を聞くことができます。祈りは信仰生活と救いの本質的な部分です。
　正しく祈るには、まず自分に必要な事を一方的に願うのではなく、神さまのみことばに耳を傾けて神さまの意志が実現されるよう願うことが大切です。
　神さまは私たちが祈る前に、私たちのすべての悩みと願いを知っておられます。だから神さまが私たちに与えてくださった恵みと愛について先に感謝の意を表し、それから願いの祈りをささげる姿勢が望ましいのです。

覚えましょう

11. 祈りとは何ですか。
    ＊神さまと対話を交わすことです。

    私たちは神さまに何かを願うこともできるし（願い）、頂いた恵みに感謝の意を
    表すこともできます（感謝）。正しく祈りをしようとするなら、自分に必要なこと
    を一方的にこいねがう姿勢ではなく、神さまのみことばに耳を傾けて、神さまのみ
    旨を行うことができるようにと願う心が大事にされる必要があります。

12. 祈りには、どんなものがありますか。
    ＊口祷の祈り、黙想の祈り、観想の祈りなど、おもに３種類があります。

    １）口祷：祈祷書や心の中で考えた祈りを声に出してささげる祈りで、一人で、あ
       るいは共同体が一緒にささげることができる祈りです
       （例えば、「朝夕の祈り」「教会の祈り」など）。
    ２）黙想：神さまのみことばと意志を自分の人生に映して考え、沈黙のうちに心で
       する祈りです。聖書、聖画像、典礼文、霊的書物などを黙想の資料として使っ
       たりします。
    ３）観想：神さまとの親密な愛を味わいつつ、そのまなざしのもとに全身全霊をゆ
       だねる高度な祈りです。観想の祈りは沈黙の中に、神さまのみことばを傾聴し、
       信仰のまなざしをイエスに固定させた中で養われていきます。祈りを通して私
       たちは神さまの恵みで神さまと顔を合わせるほどの心の状態に至ることも不可
       能ではありません。

13. 「主の祈り」にはどのような意味が込められていますか。
    ＊「主の祈り」はイエスが自ら教えてくださった祈りなので、最も重要な祈りです。
    主の祈りは大きく二つの部分に分けられ、神さまへの３つの願いと私たちのため
    の４つの願いで成り立っています。

    １）天におられるわたしたちの父よ（呼称）：神さまと対話するために先にその方
       に呼びかけます。幼児が父を全面的に信頼するように、イエスは神さまとの親
       密な関係の中で「アッバ、父よ」と呼びました。そして私たちに「わたしたち
       の父よ」ということばで神さまを呼ぶことができるようにしてくださいました。
    ２）み名が聖とされますように（願い１）：何よりも神さまを聖なるものとして認
       める賛美です。神さまが聖であることが、すべての人に認められますようにこ
       いねがいます。
    ３）み国が来ますように（願い２）：キリストの再臨と神さまの国の最終到来に注

目しますが、私たちが生活している今の世の中で、神さまの国が発展することをこいねがいます。

4）みこころが天に行われるとおり地にも行われますように（願い3）：神さまのみこころが、私たちが生活しているこの世でも、実現することをこいねがいます。

5）わたしたちの日ごとの糧を今日もお与えください（願い4）：その日その日生きていくのに必要な糧をくださるように懇願しながら、貪欲や物欲に陥らないように自らを戒めます。

6）わたしたちの罪をおゆるしください、わたしたちも人をゆるします（願い5）：神さまは常に私たちをゆるされます。しかし人間は利己心のために神さまの意に従わないことがあります。私たちが他の人を愛し、ゆるすことによって、神さまの愛とゆるしを受けることができるように願います。

7）わたしたちを誘惑におちいらせず（願い6）：悪の勢力の前で誘惑に屈服することがないようにとこいねがいます。

8）悪からお救いください（願い7）：悪は常に私たちの周辺にうずくまっています。私たちの不注意と怠慢で悪に落ちた時、神さまが助けてくださるようにこいねがいます。

14. 「お告げの祈り」は、いつささげますか。
＊朝6時、正午、夜6時にささげます。

各地、各教会の伝統、習慣によって、朝・昼・夕に聖堂の鐘が鳴らされ、その際、神さまの救いのみ業を思いめぐらして「お告げの祈り」（復活節には「アレルヤの祈り」）が唱えられます。

ミレーの晩鐘

第5課　これを見て、良しとされた

進行係：(参加者を歓迎して、十字架のしるしをしながら集いを始めます)。

2～3人の方が、祈りで神さまをこの席に招いてくださいませんか。
(誰でも自由な祈りをささげるか、以下の例文で祈ってもよい)。

・主よ、私たちは皆、あなたを待っています。
・この集いにおいでくださり、私たちとともにいてください。

Ａ．私たちの身の周りのことから

1．進行係：下の写真を見ましょう。

2. 進行係：写真を見て話し合いましょう。

  1）上の写真と下の写真を比べて見て、どんな感じを持ちますか。
  2）あなたは美しい自然を眺めながら、神さまについて考えたことがありますか。
    逆に破壊された自然を眺めながら、どんな考えを持ちましたか。
    お互いの考えを話し合ってみましょう。

3. 進行係：次の意見について、○（賛成）、×（反対）、△（分からない）、？（疑問）、！（なるほど）のしるしを付け、その理由を出し合い、分かち合ってみましょう。

  □１）大自然の中に神々が宿るという考え方は汎神論と言われるもので、間違った考え方である。

  □２）大自然が神さまの創造によるものであるなら、至る所に神さまの姿が刻まれているにちがいない。

  □３）12世紀の聖人アッシジのフランシスコは、小鳥たちに神さまの話を聞かせたというが、知恵のない小鳥たちに分かるはずがない。

  □４）森林浴など大自然のふところに入っていくと、本当に安らぎを覚え、癒やされる。それは神さまのふところと同じだからである。

  □５）環境問題と神さまの問題は、まったく関係ない。

B．神さまのことば

1. 進行係：どなたか、創世記1章1節から27節（天地創造）を読んでくださいませんか。
    ——聖書を読む——

    他の方が、もう一度読んでくださいませんか。
    ——聖書を読む——

２．進行係：（参加者たちに質問する）。

1）神さまが私たち人間を愛しているということを、聖書ではどのように表現していますか。

2）私たちは子供のとき、どんな自然環境の中で成長したのか、お互いに話し合ってみましょう。そして今まで心に印象深く残っている風景についても話し合ってみましょう。

3）創世記によると、私たち人間は神さまの「かたどり」であり「似姿」です。人間のどこが神さまに似ているのでしょうか。

３．進行係：どなたか、詩編８章１節から９節（ダビデの歌）を読んでくださいませんか。

４．進行係：次の聖書の句を一人ずつ、祈るような心で読んでください。
　　　　　　（同じ句を３回繰り返して読む間、他の人々は沈黙を守ります）。

「あなたの指の業を」（３回）
「人間は何ものなのでしょう」（３回）
「あなたが顧みてくださるとは」（３回）
「御手によって造られたものをすべて」（３回）
「全地に満ちていることでしょう」（３回）

創世記　　1・1-4　　：天地創造
詩 編　148・1-14　：主の御名を賛美せよ
ヨハネ　　1・1-5　　：み言葉（ことば）が肉となった

C．さらにもう一歩

1．進行係：(参加者たちに質問する)。

　1）私たちは自分、他の人、そして大自然の中に神さまの似姿を見ているでしょうか。それとも他のものを見ているのでしょうか。
　2）環境保護や私たちの近くの自然を生かすために実践できることは何か、また、どのように実行に移すことができるか、話し合ってみましょう。
　3）不法投棄や空きカンポイ捨てに対して、どんな取り組みをしていますか。

2．進行係：ある詩人が大自然の真っただ中にいる自分に気づき、感動して次の詩を作りました。味わってみましょう。

　　　　「秋空をハトが飛ぶ、それでいい、それでいいのだ」(八木重吉)。

3．進行係：「主の祈り」をささげながら、集いを終わりましょう。(176 頁)

進行係のためのメモ

＊神さまは美しいこの世界を造り、それを人間に任せられました（創世記1・26)。しかし、それは人間が自分勝手な欲望のままに支配するために与えられたのではありません。神さまは人間が世界との調和の中で豊かに成長し、ご自分の愛がますます明らかになることを望んでおられます（創世記1・28)。
＊神さまはこの世と人間を良いものとして創造されました。自然の美しさと驚異的な秩序と調和は、そのすべてのものを手ずから造った神さまの全能を語っています。自然の中には神さまの愛が潜んでいます。この世界の美しさは、神さまが私たちにくださった祝福です。
＊母親がかたときも赤ちゃんから目を離さず、「よしよし」とうなずくイメージは、神さまが被造物たる世界に注ぐまなざしと態度に重なります。人と人のみならず、人と世界の間におられる神さまの現存を学ぶことが大切です。

覚えましょう

15. 進化論と創造論を、どう理解したらよいのでしょうか。
   ＊進化論は科学の真理であり、創造論は信仰の真理であるので、科学の真理と信仰の真理はお互いに違うという理解が必要です。（詳細については〔付録179頁〕参照）

16. 私たちはなぜ自然を大切にしなければなりませんか。
   ＊神さまが良しとされたこの世界だからです。自然との一体化は神さまとの一体化につながるものだからです。

　万物を創造してから、神さまはご自分の似姿として男と女を創造し、「産めよ、増えよ、地に満ちて地を従わせよ」（創世記1・28）と言われました。このみことばは、自然を破壊したり搾取しても良いという意味ではありません。神さまがこの世を大切にされるように、私たちも地球を大切に育てなさいという意味です。現代文明と産業化が進むなか、現在自然の生態系が深刻に破壊されています。私たちは、神さまが創造された自然を保護して生態系を活かすために、多くの努力を傾けなければなりません。

第6課　人間の罪と神さまの愛

進行係：（参加者を歓迎して、十字架のしるしをしながら集いを始めます）。

2〜3人の方が、祈りで神さまをこの席に招いてくださいませんか。
（誰でも自由な祈りをささげるか、以下の例文で祈ってもよい）。

・主よ、この席においでくださり、私たちの心ををあなたの愛で満たしてください。
・主よ、ここにおいでくださり、私たちの鈍い心を柔らかくしてください。

A．私たちの身の周りのことから

1．進行係：どなたか、次の話を読んでくださいませんか。

【自分の生命の誕生そのものに罪を感じ……】

　私は幼い時、自分たち家族は何か大きな罪を背負っている。自分は幸せにはなれない……いや、幸せにはならない。そんな意識のまま大人になった。そして 1983 年、母が自殺。兄は「満州」で生まれ、私は 1947 年に生まれた。父は、職業軍人として中国人を殺し、そして父達、関東軍将校と家族たちは同胞の日本人を中国に置きざりにして帰国した。

　この事実を兄から聞いたのが 1991 年……この時、自分のいのちの誕生そのものに罪を感じ……すぐに、嫌がる妻を連れて中国東北部「北満州」へ飛んで行った。日本軍に油で虐殺された村人の遺骨の中に赤ん坊を抱えた母親が悶絶したまま息絶えている！　殺された中国人の「生首」を、己の誉れのために持って笑っている……軍人の写真を見た。

　そして、旅の最後……。「あんた達は日本人だろ。ここから大勢の中国人が『731 部隊』や『日本』に連れて行かれ、今だに帰ってこない。日本人としてどう思う」と、夜行列車のコックさんに問われた。

　「C級戦犯」だったと聞かされていた父のその罪の中に、まさに私は、今も父の罪とともに生きている……いや、生かされているのだと思った。

　そして、10 年後の 2001 年「南京」へ行った。長江の虐殺現場で手を合わせた時、突然、目の中が真っ赤になり、ハチ割れるような頭痛に襲われた。そして、「ウーウー」と唸るような声に支配された。あまりの痛さにその場を離れた。すると、ウソのように痛みが失くなったのだ。他の現場でも同じ事がおこった。

　この時、私は「南京大虐殺」と、向き合わねば……と思った。いや、向き合わされたのだと思う。　　　　　　　　　（渡辺義治『地獄の DECEMBER を語る』より）

2．進行係：（参加者たちに質問する）。

　　1）「南京大虐殺」について話し合ってみましょう。
　　2）「南京大虐殺」と向かい合った渡辺義治氏の心境について話し合ってみましょう。
　　3）職業軍人として、人を殺し、勝ち誇っていた人、その同じ人が妻をうつ病に追いやり、自殺にまで至らせるほどのいらだちと自己崩壊へと堕ちていく。この職業軍人は、何に勝ち、何に負けたと思いますか。

3．進行係：次の意見について、○（賛成）、×（反対）、△（分からない）、？（疑問）、！（なるほど）のしるしを付け、その理由を出し合い、分かち合ってみましょう。

　　□1）渡辺義治さんは、職業軍人であった父親や他の軍人がやったと言われることにあまり敏感過ぎる。

　　□2）自分が直接やったことではないのに、これほどの痛みを感じるのは、人間の感覚として正常なことである。

　　□3）戦争にしても個人の間に渦巻く怨念にしても、私たち人間の中には、何か黒々とした悪の血が流れている、と思う時がある 。

　　□4）戦争は、人間を人間でないものに変えてしまう。

Ｂ．神さまのことば

1．進行係：どなたか、創世記3章1節から13節（善悪を知る木）を読んでくださいませんか。
　　　　　──聖書を読む──

　　　　他の方が、もう一度読んでくださいませんか。
　　　　　──聖書を読む──

2．進行係：（参加者たちに質問する）。

　1）園の中央に生えている木（3節）は何本ありましたか。
　2）アダムとエバが食べてしまった木の実は何の木の実でしたか。
　3）木の実を食べた結果、自分のありのままの姿である裸を覆ってしまいました。
　　　なぜでしょうか。
　4）木の実を食べた結果、自分の責任を他の人に転化してしまいました。なぜだと
　　　思いますか。
　5）他の人とトラブルを起こした時、自分はたいてい善ですか、悪ですか。

3．進行係：楽園から追い出された理由が22節に記されています。

　主なる神は言われた。「人は我々の一人のように、善悪を知る者となった。今は、手
を伸ばして命の木からも取って食べ、永遠に生きる者となるおそれがある」。

　　　　この命の木とは何でしょうか。

4．進行係：どなたか、ヨハネによる福音書19章25節から27節を読んでくださいま
　　　　せんか。

　　　　命の木は十字架、マリアは母（エバ）、イエスは新しいアダムと解釈する
　　　　と、どんなことが分かってきますか。

参考聖書

創世記　　6・5-7 　　：人間の罪と神の嘆息
創世記　11・1-9 　　：バベルの塔
詩　編　51・1-19　 ：ダビデの歌
マタイ　　5・43-45　：敵を愛しなさい

C．さらにもう一歩

　歴史の中で人間の大小の罪が積もり積もってこの世の罪を作り上げます。その罪は私たちを苦しみに追い込み、お互いを傷つけ、分裂をもたらし、愛することができないようにします。自分の無能のせいにして嘆くとか、他の人を憎む怨恨の中には救いはありません。そのすべての原因は自分中心に善悪を決めてしまうことにあり、善悪の木の実を食べてしまうことにあります。

１．進行係：（参加者たちに質問する）。

　　１）これまで生きてきた中で、人を傷つけるとか、関係を難しくしたことがありますか。
　　　　私たちが改めなければならない点は何ですか。
　　２）自分の過ちではなく、他の人や社会の過ちにより、困り・悩んでいる人々について考えてみましょう。そして彼らのために私たちが何をすることができるか、お互いに話し合ってみましょう。
　　３）車を運転すると人間 1,000 人分の CO_2 を排出していることになります。このように知らないうちに世の悪に加担してしまっていることが他にないでしょうか。

２．進行係：自由な祈りをささげながら、集いを終わりましょう。

進行係のためのメモ

　神さまは私たちを愛され、幸福と喜びを享受し、生活することを願っておられます。ときどき私たちが過ちを犯しても、神さまは自分のふところにもう一度帰ってくることを望み、待っておられます。

＊聖書は、人間が神さまの愛を受けたにもかかわらず、その愛の中にとどまらないで、かえって憎悪と貪欲でお互いに癒やすことのできない傷を負ったと伝えています。
　このような聖書のみことばは、家庭と隣人、そして私たちの社会がかかえている痛みと苦しみの原因が、まさに間違った生活をしている私たち自身の中にあることを指摘しています。
　罪は個人的な次元から社会的な次元まで及び、その種類と深さは、とても多様なものです。

覚えましょう

17. 罪とは何ですか。
　　＊罪とは、神さまの愛に背くことです。それは、さまざまな愛に背くことばや行いとして現れます

18. 原罪とは何ですか。
　　＊人間が生まれながらにして持っている心の傷で、キリストの癒やしを必要としている状態です。その癒やしなしには、人は自己愛に支配され、人間解放に到達することはできません。

　私たちは自（みずか）らがいのちの主人だ、というような錯覚の中で生きています。いのちの源である神さまを分からないで、自分だけのために生きる人生をキリスト教では「罪」であると言います。そんな本来的な罪の性向を生まれながら譲り受けています。しかし私たちが洗礼を受け、いのちの源である神さまの方へ向くことによって、そのような原罪をとり除くことができます。

19. 自罪とは何ですか。
　　＊私たちが同意して犯した罪です。

　比喩を使って説明すれば、自罪は、私たちの父母の借金を譲り受けたのではなく、私たち自身が負っている借金と言うことができます。洗礼の秘跡を受けることによ

り私たちは原罪と自罪をとり除くことになります。

20. 大罪と小罪はどう区別されますか。
 ＊小罪は軽い罪であり、大罪は「ゆるしの秘跡」を受けなければならない大きな罪
  です。

 罪とは神さまの意に逆らって、隣人や神さまとの関係を傷める<ruby>傷<rt>いた</rt></ruby>めるとか破壊すること
を言います。罪は大罪と小罪に分けられますが、小さな罪は神さまの恵みを失わな
いくらいの罪、すなわちゆるしてもらうことができる軽い罪です。小罪は「ゆるし
の秘跡」を受けなくても痛悔や聖体拝領でゆるしてもらうことができます。反面大
罪は、神さまと隣人との関係で取り返すことができない傷を与え、神さまを裏切っ
た罪を言います。大罪のゆるしを受けるためには、必ず「ゆるしの秘跡」を受けな
ければなりません。

21. 七つの罪源とは何ですか。
 ＊罪の七種類の源を言います。

  １）高 慢―神さまを度外視し、自分中心にこり固まることです。絶対真理を拒否
     する高慢は不信の源になります。
  ２）物 欲―物をあまりに重視する時、その人は物の奴隷になります。また物に対
     する浪費も罪になります。物は人間の生活を営むための手段であり、
     それ自身目的になることができません。物をあまりに重視するとか浪
     費する時、物が人間を支配する物神になります。物は神さまの光栄と
     人間の幸福のために、適切な方式で使われなければなりません。
  ３）色 欲―性的快楽の無秩序からくる罪です。神さまの創造秩序に従って男女の
     関係は平等で人格的でなければなりません。ところが相手を自分の性
     的快楽の道具とする時、二人の関係が破壊され、神さまの姿を持った
     人間の尊厳性は喪失してしまいます。
  ４）<ruby>憤<rt>ふん</rt></ruby><ruby>怒<rt>ど</rt></ruby>―復讐しようとする無節制な欲望が憤怒として現れます。憤怒は他の人
     を傷つけたり、自分自身を傷つけてしまいます。
  ５）貪 食―食べ過ぎ飲みすぎで、健康を害する場合を言います。
  ６）ねたみ―他人が幸せになることを嫌がる感情です。他人が幸せになることが自
      分には害になると考えるとか、他人の不幸を喜ぶことは、嫉妬の感情
      から出ます。
  ７）怠 惰―自分に与えられた仕事を嫌がる怠けを意味します。怠惰は根本的に神
     さまが与えた使命を拒絶することを言います。

  以上の七つを罪源と言います。

第7課　信仰と神さまの約束

進行係：(参加者を歓迎して、十字架のしるしをしながら集いを始めます)。

2〜3人の方が、祈りで神さまをこの席に招いてくださいませんか。
(誰でも自由な祈りをささげるか、以下の例文で祈ってもよい)。

・主よ、この集いにおいでくださり、私たちの心をあなたの愛で満たしてください。
・主よ、ここにおいでくださり、私たちを真理に導いてください。

A．私たちの身の周りのことから

1．進行係：どなたか、次の話を読んでくださいませんか。

　1997年3月9日の朝、いつものように平凡な職場生活の一日が始まったのですが、しばらくして、社長室に呼ばれた私は、青天の霹靂、周囲が崩れ落ちるようなことばを聞かされることになりました。それは解雇通告でした。その瞬間、私はあたかも盲人かろうあ者になったように、何も見えず、何も聞こえない状態になってしまいました。これまでにも仕事が無くて、仕方なく街をさまよっている人々の姿を、新聞やテレビなどのメディアを通して見てはいましたが、いざ我が身にふりかかると、ここから逃げ出して、どこか遠くへ隠れてしまいたいと思いました。ふと、「死」がよぎることもあり、私をこんな目に合わせた人々に対する恨みが湧いてきたりして、なかなか混乱から抜け出すことができませんでした。

　そんなある日、同じ立場になってしまったある隣人と出会い、自分が感じている同じ苦しみが、その人の中にもあることを発見しました。お互いの沈黙が対話へとつながり、そこからまた新たな希望と愛の芽生えへと、自分たちが少しずつ変わっていくのを実感しました。

　徹底的に捨てられたさびしい隣人にとって、「共にいる」ということよりもっと大きな愛の妙薬はない、ということを知るようになりました。自分一人では抜け出すことができなかった苦しみを、神が隣人愛で克服するように計らってくださったことを、黙想と祈りの中で少しずつ感じるようになってきています。

(『神に捧げる手紙』から)

2．進行係：（参加者たちに質問する）。

　　1）解雇通告を受けた時、この方はどんな反応を見せましたか。
　　2）この方は失業の苦しみから、どのようにして抜け出すことができましたか。

3．進行係：次の意見について、○（賛成）、×（反対）、△（分からない）、？（疑問）、！（なるほど）のしるしを付け、その理由を出し合い、分かち合ってみましょう。

　　□1）星は昼間は見えないので存在していない。

　　□2）星の輝きが見えるためには、夜の闇が必要である。

　　□3）突然の解雇や難病の宣告などの闇の体験は、光を与えてくれる真の友や神さまとの出会いに導いてくれる。

　　□4）私自身も世の光である（マタイ5・14）。

B．神さまのことば

　今から4,000年以上も前に生きたアブラハムという人の例を採り上げ、信仰とは何かを学んでみることにしましょう。

1．進行係：どなたか、創世記12章1節から5節（神がアブラハムを呼ばれる）を読んでくださいませんか。
　　　　　　──聖書を読む──

　　　　　他の方が、もう一度読んでくださいませんか。
　　　　　　──聖書を読む──

2．進行係：次の聖書の句を一人ずつ順番に、祈るように読んでください。
　　　　　　（同じ句を3回繰り返して読む間、他の人々は沈黙を守る）。

　　　　　「父の家を離れて」（3回）
　　　　　「わたしが示す地へ行きなさい」（3回）
　　　　　「あなたを祝福し」（3回）
　　　　　「旅立った」（3回）

３．進行係：（参加者たちに質問する）。

　　１）アブラムが、住み慣れた父の家を離れて旅立つようにという神さまの声を聞い
　　　　た時、彼は闇の体験をしたと思いますか。したとすれば、その闇は実際にはど
　　　　んなことだったと思いますか。
　　２）アブラムには、その闇の持つ意味が分かったと思いますか。
　　３）アブラムには光が見えていたと思いますか。
　　４）闇から光への旅立ちへと誘う神さまの声は今も響いていると思いますか。

参考聖書

　　創世記　　１７・１-８　　：アブラハムが神と契約を結ぶ
　　創世記　　２２・１-１８　：アブラハム、イサクをささげる
　　ヘブライ　１１・８-１９　：信仰

Ｃ．さらにもう一歩

１．進行係：次の考え方について意見交換してみましょう。

　　１）はちきれるような健康、有り余るお金、こんな境遇にある人は、人生の闇体験
　　　　がないので、信仰は必要ない。
　　２）物質的にどんなに恵まれていても、人間は不満、不安、孤独を感じる。このこ
　　　　とがすでに闇体験であり、神さまの呼びかけである。
　　３）ある人が、「私は神さまなんて全然信じない」と言ったとすれば、それはすで

に一つの信仰宣言である。その人は、その自分の意見を信じているから。

4）神さまが存在するか否かよりも、何を神さまとして拝んでいるかが問題である。

2．進行係：（参加者たちに質問する）。

1）あなたは今まで何を信じ、何を頼りに生きてきたと感じていますか。

2）私たちは今、信仰の旅を始めました。信仰の道をよく歩いて行くために、私たちが捨てなければならないことは何ですか。また信頼しなければならないことは何ですか。

3．進行係：「アヴェ・マリアの祈り」をささげながら、この集いを終わりましょう。
（176 頁）

進行係のためのメモ

＊信じたい人には皆、「聞き分ける心」（王上 3・9）が必要です。神は、さまざまな方法でわたしたちとの接点を求めておられます。すべての人との出会いに、すべての感動的な自然の体験に、すべてのもの、一見偶然と思われるものにも、すべての挑戦に、すべての苦痛に、神のメッセージが隠されています。ご自分のことばや人の良心の声を通してわたしたちに向かうときに、神はいっそう明確に語られます。神は友としてわたしたちに話しかけておられます。だからわたしたちも、友として神に応え、神を信じ、全信頼を寄せ、神をより理解することを学び、無条件に神の意志を受け止めなければなりません。（『*YOUCAT*』20）

覚えましょう

22. ミサは、どのようにして「制定」されましたか。
＊ミサはイエスの最後の晩餐（ばんさん）で制定されました。

　イエスは捕らわれる前日の夜、弟子たちと一緒に過越の食事をしながら、「わたしの記念としてこのように行いなさい」（ルカ 22・19）と言われました。イエスのこのようなみことばに従って、初代教会の信徒たちは最初から最後の晩餐を記念する集いを持ちました。信徒たちはそれぞれ食べ物を自分の家から持ってきて、最後の晩餐の時イエスが行ったように、パンとぶどう酒の聖変化の後にキリストの体と血として分け合いながらパンを食べ、ぶどう酒を飲む祭儀を行いました。このよう

な共同の食事はイエスの教えのとおりに、持っている物をお互いに分かち合う愛の晩餐でした。

23. ミサは、いくつの部分から成り立っていますか。
　　＊ミサは「ことばの典礼」と「感謝の典礼」の二つの部分から成り立っています。

　　主キリストはみことばと聖体として私たちのところに来られ、私たちを愛で満たし、その愛を隣人に実践するように導かれます。

ことばの典礼		感謝の典礼	
開祭の儀	みことばの祭儀	聖体祭儀	閉祭の儀
みことばの祭儀の前の部分でミサ聖祭の案内と準備の役割をします。	みことばの祭儀の中で神さまは自分の民に話しかけ、信徒は神さまの話を聞いて力を得ます。	ミサの中で最も核心の部分でキリストの最後の晩餐を記念して人類を救った神さまに感謝をささげます。	キリストとの一致の中で力を得た共同体の構成員たちが、隣人に福音を宣教し実践するよう派遣します。
入祭の歌 入祭のあいさつ 回心 あわれみの賛歌 栄光の賛歌 集会祈願	旧約聖書の朗読 答唱詩編 使徒書の朗読 アレルヤ唱 福音の朗読 説教 信仰宣言 共同祈願	奉納 パンを供える祈り ぶどう酒を供える祈り 叙唱 感謝の賛歌 聖変化 主の祈り 平和の賛歌 聖体拝領 拝領祈願	派遣の祝福 閉祭のあいさつ

24. ミサの時の動作には、どんな意味がありますか。
　　１）立つ姿勢
　　　　私たちが神さまに向かっていることを意味し、神さまと隣人に奉仕する心の姿勢を表す謙虚さの表現です。また立つ姿勢は覚めていること、感謝、主キリストの迎えなどの意味を持ちます。
　　２）膝を折る姿勢
　　　　自らへりくだり、神さまに崇拝をささげ、その助けと恵みを願う表示です。またこの姿勢は自分の罪を悔やむことを意味します。
　　３）座る姿勢

正しい姿勢で座っていれば心とからだが平安になり、注意を傾けて神さまのみことばを真心込めて聞くことができます。

4）手を合わせる、広げる、上げる

手を合わせることは敬虔、謙遜、奉献の表示です。手を広げて挙げることは解放、願いなどの表現であり、一般的に司式者の祈りと関連しています。

5）行列

たくさんの人が並んで一緒に歩く行列は、共同の意志と希望を表現します。教会典礼の中で喜びと悲しみ、希望、証し、祝祭、歓迎、尊敬、神さまへと進むことなどの意味で多様に使用されます。

25. ミサに参加するために守らなければならないことは何ですか。

1）ミサに参加する前

聖書と聖歌集を常に持って来ます。ミサ開始10分前には教会に来て、静かにミサに参加する準備をします。教会内では騒ぐとか走るとかはしません。来た人から順に前の席から座ります。ミサの前に周囲の方たちと可能ならば挨拶を交わします。ミサの前に携帯電話の電源を切ります。

2）ミサに参加する時

聖歌は最も優れた祈りです。大きな声で歌います。朗読と福音は家で前もって読み、朗読と福音の朗読時に宣べられるみことばを傾聴します。ミサ中は聖体拝領のために移動する時も祈りをする時も、合掌します。聖体をいただいた後には祭壇に目礼の必要はありません。最後の聖歌が終わるまでがミサですから、聖体拝領だけして、すぐに退堂してはなりません。

3）ミサに参加するときの服装

聖なる神さまに祈りをささげる場ですから、端正な身なりをします。袖のない衣服やけばけばしい服装、短い半ズボン、また、素足にスリッパを履くなどのことは避けましょう。

第8課　神さまはご自分の民をエジプトから救い出された

進行係：(参加者を歓迎して、十字架のしるしをしながら集いを始めます)。

2～3人の方が、祈りで神さまをこの集いに招いてくださいませんか。
(誰でも自由な祈りをささげるか、以下の例文で祈ってもよい)。

・主よ、この集いにおいでくださり、導いてください。
・主よ、ここに来てくださり、私たちに平和をお与えください。

Ａ．私たちの身の周りのことから

1．進行係：私たちは人生の途上で、苦しみや試練を経験します。そのような苦しみや
　　　　　試練は、個人や社会・民族・国家の中でも起こります。

次の写真を見ましょう。

2．進行係：(参加者たちに質問する)。

1）写真に現れている人々が、どんな苦しみを体験しているのか具体的に話し合ってみましょう。
2）私たちの体験している困難や苦しみはどんなものですか。
3）偏見や差別に悩まされたことがありますか。

3．進行係：次の意見について、○（賛成）、×（反対）、△（分からない）、？（疑問）、！（なるほど）のしるしを付け、その理由を出し合い、分かち合ってみましょう。

□1）いじめられる人にはそれなりの理由がある。

□2）偏見や差別や世界の貧困などの問題が起こるのは指導者が悪いからである。

□3）エジプトの情勢は旧約聖書の時代も現代も同じである。

□4）「長いものには巻かれろ」と言われるように、たとえ不正があっても、力のある者には逆らわないほうがよい。

Ｂ．神さまのことば

紀元前1250年頃、イスラエルの民はエジプトで奴隷のような生活をしていました。エジプト王ファラオの抑圧によって苦しんでいた彼らが神さまに祈り求めた時、神さまはモーセを通してこれに応えられました。イスラエルの民は、エジプトから解放される経験を通して神体験をすることになります。

1．進行係：どなたか、出エジプト記３章１節から12節（モーセの召命）を読んでください。
　　　　　——聖書を読む——

　　　　　他の方が、もう一度読んでくださいませんか。
　　　　　——聖書を読む——

2．進行係：聖書の次の句を一人ずつ、祈るように読んでくださいませんか。
　　　　　（同じ句を3回繰り返して読む間、他の人々は沈黙を守る）。

　　　　　「民の苦しみをつぶさに見」（3回）
　　　　　「その痛みを知った」（3回）
　　　　　「連れ出すのだ」（3回）
　　　　　「必ずあなたと共にいる」（3回）

3．進行係：（参加者たちに質問する）。

　　1）上の絵は、どんな事が起きていることを表していますか。
　　2）モーセは神さまのどんなみことばを通して勇気を持つことができましたか。

4．進行係：次の聖書の箇所は、神さまの民のエジプト脱出前夜のことを記したもので
　　　　　す。出エジプト記12章3節から14節を読み、次の質問に答えてください。

　　1）ここに出てくる過越の食事のメニューは何ですか。
　　2）小羊の血は、どこに塗られましたか。
　　3）神の小羊イエス・キリストの血は、どこに塗られましたか。
　　4）この過越の食事は、新約聖書では何と呼ばれますか。
　　5）旧約の過越にあたるものは、新約では何ですか。

参考聖書

出エジプト　2・23-25　：神が民の泣き叫びを聞かれる
出エジプト　12・1-14　：主の過越
出エジプト　14・21-31　：イスラエルが紅海を渡る

C．さらにもう一歩

　イスラエルの民は神さまの助けにより、エジプトの奴隷としての暮らしから脱け出して、自由の民となることができました。現在、私たちは何かの奴隷になっていないでしょうか。私たちは何から脱け出せば、神さまがくださった本当の自由を味わうことができるのでしょうか。

1．進行係：（参加者たちに質問する）。

　　1）私の考えと行動に最も強く影響を及ぼしているものについて考えてみましょう。次の〈例〉を参考にしながら自分の考えや行動を左右する基準が何なのか、3つ以上書いてみましょう。
　　　〈例〉
　　　お金（財産）、家庭の幸福、名誉、成功、人気、人情、健康、信仰、良心、利己心、友情、自分の幸福、愛国心、慣習、罪意識、達成感、法律、規則、学歴、肩書き、時間、他の人々の評価。
　　2）それぞれ自分が書いたものを発表してから、お互いに比べて、私たち（私たちの共同体）に最も強く影響を及ぼしているものの順位を決めてみてください。
　　3）私たち、または私たちの社会を動かしている行動基準が、神さまのみ心にそっているかどうかを考えてみて、皆で話し合ってみましょう。
　　4）万一、神さまのみ心に逆らうことがあるとすれば、どうしなければならないか話し合ってみましょう。

2．進行係：自由な祈りをささげながら、集いを終わりましょう。

１．神さまはモーセを通してイスラエルの民をファラオの抑圧から解放されました。神さまはイスラエルの民を抑圧と死の状態からいのちと自由の土地へ導かれました。このことを「過越」と言います。それはイスラエルの民にとって、「神さまがわたしたちと共におられる」という強い実体験でした。これは私たちが受ける洗礼の秘跡の中に込められている意味でもあり、神さまの国に向かって進む「神の民」の旅を象徴しています。

２．「過越」ということばは、全聖書の中心テーマでもあります。イスラエルの民の解放のとき、死をもたらす神さまの使いが彼らの家には入らず、通り過ぎたことに由来します。そこから、死からいのちへ、抑圧から自由への解放を意味するようになりました。新約聖書では、キリストの「復活」が新しい「過越」と呼ばれることになります。

覚えましょう

26. 「過越」とは、どんな意味ですか。

＊死からいのちへ、抑圧から自由への解放という意味です。

　　紀元前1250年頃、イスラエル民族がエジプトの奴隷生活から解放されたときのことでした。イスラエルの民を解放しないファラオの心を変えさせるために、神さまは10種類の災いを与えました。最後の10番目の災いが人はもちろん、家畜まですべての長子を殺す災いでした。

　　この時イスラエル人たちは、神さまの指示に従って羊を屠（ほふ）り、その血を家の入り口の2本の柱と鴨居に塗ることによって、その災いを避けることができました。

　　「過越」ということばは、神さまの使いが門や戸を固定する柱や鴨居に塗られた血を見て過ぎ越したことに由来します。以来イスラエルの民は出エジプトの事件を記念する過越祭、またはパスカの祝祭を行います。

　　イエスが十字架上で亡くなられた時もユダヤ人の過越祭の期間でした。イエスは弟子たちと一緒に最後の晩餐、すなわち過越祭の食事をされてから十字架の上で亡くなられました。イエスのこのような死は、あたかもイスラエル人に代わって死んだ羊の死と同じことと理解されました。イエスによって私たちは罪の奴隷から神の民に移り変わるようになり、死からいのちに移ることができるようになったからです。

　　それで神さまによるエジプトからの救いを旧約の過越であると言い、イエスの十字架上の死を新約の過越と言います。過越ということばは復活と同じ意味でも使用されます。

27. 「アレルヤ」「ホザンナ」は、どんな意味ですか。
　　＊「アレルヤ」は歓喜の叫びで「神さまを賛美しよう」の意味であり、「ホザンナ」
　　　は「救ってください」という意味でしたが、民衆の歓喜の感情から「万歳」とい
　　　う意味に変わりました。

　　　「アレルヤ」は神さまが来られることに歓呼する表現です。主キリストを歓迎す
　　る意味で、四旬節を除き、すべてのミサの中で「答唱詩編」や「第二朗読」の終わ
　　りに「アレルヤ」を歌います。
　　　「ホザンナ」は喜びと勝利を表す歓呼の声を表現しています。イエスがエルサレ
　　ムに入城された時、人々が上着としゅろの葉を道に広げ、「ホザンナ」を反復した
　　ことに由来します。ミサの「感謝の賛歌」では「ホザンナ」を歌います。

28. 神さまが全能の方なら、なぜこの世に悪と苦しみがあるのですか。
　　＊キリスト者にとってこの問いへの答えは、イエス・キリストご自身です。イエ
　　　ス・キリストの苦しみと死と復活の意味を繰り返し味わうことによって、その答
　　　えにたどりつくことができます。

　　　私たちは、この世に悪と苦しみがあるので、神さまの存在を信じることが難しい
　　時があります。しかし聖書は、この問題について多様な答えを教えてくれます。
　　１）創世記では、禁断の木の実すなわち善悪を知る木の実を摘んで食べてはなら
　　　　ない、という神さまの命令に違反した人間の過ちにより、この世に苦しみと
　　　　死が入って来たと言います。すなわち、悪と苦しみは人間の過ちから始まっ
　　　　たことを知らせてくれます。
　　２）詩編では、悪人たちがどんなに繁栄しても神さまの正当な審判が彼らに及ぶ
　　　　という確信を表現します。神さまは正義に満ちた方で、悪と苦しみは克服す
　　　　ることができるという固い信仰心が詩編に表れています。
　　３）ヨブ記では、ヨブは最初に自分の苦しみと不幸が神さまからきた懲罰（ちょうばつ）であるこ
　　　　とを知りますが、次第に創造主である神さまを知り、苦しみの神秘を悟っ
　　　　ていきます。ヨブは勧善懲悪（かんぜんちょうあく）の神さまではなく、創造主であり、すべての
　　　　善と正義の源である神さまを悟りながら、苦しみから救われるようになりま
　　　　す。

第9課　自由と解放への道しるべ

進行係：(参加者を歓迎して、十字架のしるしをしながら集いを始めます)。

2～3人の方が、祈りで神さまをこの席に招いてくださいませんか。
(誰でも自由な祈りをささげることができ、下の例文で祈ってもよい)。

・主よ、私たちがあなたの中にとどまることができるようにしてください。
・慰め主である主よ、この席に来てくださり、私たちとともにいてください。

Ａ．私たちの身の周りのことから

　人生の旅を行く私たちは、約束の地に向かって旅立ったイスラエルの民と同じとも言えます。

　この旅には困難が伴い、時には道に迷うこともあります。知らない土地を旅行していたら誰かの助けが必要なときがあるように、私たちにも案内者が必要なときがあります。

1．進行係：下の写真を見ましょう。

2．進行係：（参加者たちに質問する）。

1）これらの写真の中に何を見ることができますか。
2）困難な問題に遭遇していた時に助けてもらったこと、あるいは他の人を助けたことがありますか。お互いにその経験を話してみましょう。
（一組対話を交わしてから全体の集いで発表する）。

3．進行係：次の意見について、○（賛成）、×（反対）、△（分からない）、？（疑問）、！（なるほど）のしるしを付け、その理由を出し合い、分かち合ってみましょう。

□1）確かに人間は誰かに教えてもらったわけでもないのに、人を殺すことは悪いことだということを知っている。これは内側に人生の道しるべを持っているということである。

□2）「なぜ人を殺してはいけないの」とまじめに聞く子供も現れているという。

□3）十戒の内容は特別のことではないと思うが、平気でできちゃった婚などに走ってしまう若者たちを見ると、十戒など現代人には通用しない。

□4）まじめに愛を育てようとしているので、できちゃった婚（授かり婚）も認めてよいのではないか。

□5）とにかく掟は現代人にとって、人生の道しるべになっていない。

B．神さまのことば

　神さまはイスラエルの民をエジプトの奴隷状態から解放されました。そして彼らが約束と祝福の地に入るために砂漠をさまよっていた時、一緒にいてくださいました。神さまは十戒を与えられ、自由と解放に至る道を歩くように助けてくださいました。神さまの与えられた十戒は、私たちを自由と解放に導く道しるべであり、道そのものです。

1．進行係：どなたか、出エジプト記20章1節から17節（十戒）を読んでくださいませんか。
　　　——聖書を読む——

　　他の方が、もう一度読んでくださいませんか。
　　　——聖書を読む——

2．進行係：次の聖書の句を一人ずつ、祈るように読んでくださいませんか。
　　　　　　（同じ句を3回繰り返して読む間、他の人々は沈黙を守る）。

　　　　　　「あなたの神、主の名をみだりに唱えてはならない」（3回）
　　　　　　「安息日を心に留め、これを聖別せよ」（3回）
　　　　　　「父母を敬え」（3回）
　　　　　　「偽証してはならない」（3回）
　　　　　　「隣人の妻やものを一切欲してはならない」（3回）

　　十戒の初めの三つの掟は神さまに対する愛と賛美に関する内容であり、残り七つの掟は隣人との関係に対する内容です。神さまは、この戒律を守れば幸福に生活し、いのちを全うするだろう、逆らって生活すれば死ぬようになるだろうと話されます。

3．進行係：下記の意見について話し合いましょう。

　　1）十戒は戒律なので人々の生活を縛り、窮屈にするものである。
　　2）十戒は掟であるが、人間の行くべき道を示しているので、人間を自由にし、解放するものである。
　　3）「わたしが来たのは律法（掟）や預言者を廃止するためだ、と思ってはならない。廃止するためではなく、完成するためである」（マタイ5・17）。
　　4）愛と結び付かなければ、どんなに一つひとつの掟を守っても、実際には守ったことにならない。
　　5）「愛せよ、そして好きなことをせよ」（アウグスチヌス）。

出エジプト	24・3-8	：シナイ山で契約を結ぶ
1 ヨハネ	2・3-6	：神の戒律を守ってこそ
詩 編	119・1-16, 41-48	：ダビデの歌

C. さらにもう一歩

　神さまが与えられた十戒は人生の道しるべです。イエスは十戒を神さまへの愛と隣人愛に要約されました。十戒の根本は愛です。愛する心なしに十戒だけを守ろうとする人は、律法主義に陥る危険性があります。

1. 進行係：（参加者たちに質問する）。

　　1）十戒の中であなたが守りにくい掟はどれですか。その理由は何ですか。
　　　（一組対話を交わす）。
　　2）私に最も必要だと思われる掟を一つ選択して、1週間日常生活で実践してみましょう。

2. 進行係：次の「十戒」を一緒に唱え、「父と子と聖霊のみ名によって。アーメン」
　　　　　と唱えて、集いを終わりましょう。

　　第1　わたしは、あなたの主なる神である。わたしの他、誰をも神としてはいけない。
　　第2　あなたは、神の名をみだりに呼んではならない。
　　第3　あなたは、安息日を聖としなさい。
　　第4　あなたは、父母を敬いなさい。
　　第5　あなたは、殺してはならない。
　　第6　あなたは、姦通してはならない。
　　第7　あなたは、盗みをしてはならない。
　　第8　あなたは、偽証してはならない。
　　第9　あなたは、他人の妻に想いをかけてはならない。
　　第10　あなたは、他人のものをみだりに欲してはならない。

進行係のためのメモ

　十戒は自然法でもあって、人間の外から与えられた束縛ではなく、人間の内部に刻まれた自由と解放への道しるべであることを強調します。また、これらの掟は、ただ一つの掟、すなわち愛の掟にまとめられること、そして、同時に愛の掟の具体的展開であることを学び合います。掟は愛のエネルギーの外部への発散です。

　「愛せよ、そして好きなことをせよ」。これは聖アウグスチヌスのことばです。彼自身の自由と解放の実体験を述べたことばでもあります。非嫡出子をもうけるなど自由奔放に生きてきた彼が、それは人間にとって少しも自由ではなく、解放でもないことを知った瞬間のことばでもあります。

覚えましょう

29. 十戒を与えたのは誰ですか。
   ＊十戒を与えたのは神さまであり、ご自分の民と交わされた契約の中で啓示されました。

30. キリスト者は、どの掟を守らなければなりませんか。
   ＊十戒のすべての掟を守らねばなりません。

31. 十戒は今日でも有効ですか。
   ＊十戒は今日でも有効です。

　永遠の命を得るために何をすべきかと若者から尋ねられたとき、イエスは「もし命を得たいのなら、掟を守りなさい」(マタイ 19・16-26) とお答えになりました。
　聖書とイエスの模範に忠実に従う教会の伝統は、モーセの十戒が根本的に重要な意味を持っていることを認めています。

32. 人は十戒を守ることができますか。
   ＊神さまがお命じになったことですから、神さまの助けがあれば守ることができます。

33. 愛の掟と十戒は、どのようなつながりがありますか。
   ＊愛の掟につながらない十戒は何の意味もありません。神さまを愛し、人を愛する心がこれらの掟を守らせ、これらの掟を守ることが、神さまと人への愛を育てます。

第10課　私たちの所に来られたイエス

進行係：（参加者を歓迎して、十字架のしるしをしながら集いを始めます）。

2〜3人の方が、祈りで神さまをこの席に招いてくださいませんか。
（誰でも自由な祈りをささげることができ、下の例文で祈ってもよい）。

・主よ、この集いにあなたをお招きいたします。ここにおいでくださり、私たちとともにいてください。
・主よ、私たちの所においでくださり、この集いを導いてください。

Ａ．私たちの身の周りのことから

1．進行係：下の写真を見ましょう。

２．進行係：（参加者たちに質問をする）。

1）写真を見ながら、思い浮かぶ考えを自由に話してみましょう。
2）これまでの生活の中で、特にどんなことが私の心を喜ばせ、幸せにしてくれましたか。
（一組対話をしてから全体の集いで発表する）。

３．進行係：次の意見について、○（賛成）、×（反対）、△（分からない）、？（疑問）、！（なるほど）のしるしを付け、その理由を出し合い、分かち合ってみましょう。

□1）クリスマスの時、馬小屋に幼子イエスを最初に拝みに来たのは動物である羊であり、2番目が人間である羊飼いたちである。

□2）いのちに関する限り、知恵のある人間より動物の方がその扱いが上手である。

□3）クリスマスは神さまが人間になったというお祝いであるが、逆に人間は、すぐ威張り散らし、神さまのようになりたがる。

□4）「インマヌエル」（マタイ1・23）とは「共におられる神」という意味である。神さまが見えないのは、神さまがあまりにも身近におられ、私たちと一体となっているからである。

□5）動物は神さまの直接運転で動くが、人間の場合は知恵を通して動かす間接運転なので、なかなか神さまの思いどおりにいかない。

□6）知的障害のある方々や幼子の行動が感動を呼ぶのは、神さまの直接運転に近いからである。

B．神さまのことば

　イエスは、このうえない貧しい姿でこの世に来られました。イエスの誕生の知らせを聞いて、一番先に駆けつけたのは、野原で羊を飼っていた貧しい羊飼いたちでした。イエスはこの世で一番貧しい人たちと一緒になることによって、罪と死の暗闇の中にいる私たちの心を照らし、お救いになります。

1．進行係：どなたか、ルカによる福音書2章1節から14節（イエスの誕生）を読んでくださいませんか。
　　　　　──聖書を読む──

　　　　　他の方が、もう一度読んでくださいませんか。
　　　　　──聖書を読む──

2．進行係：聖書の次の句を一人ずつ、祈るように読んでくださいませんか。
　　　　　（同じ箇所を3回繰り返して読む間、他の者たちは沈黙を守る）。

　　　　　「飼い葉桶に寝かせた」（3回）
　　　　　「主の栄光」（3回）
　　　　　「恐れるな」（3回）
　　　　　「救い主がお生まれになった」（3回）
　　　　　「地には平和、御心に適う人にあれ」（3回）

3. 進行係：（参加者に質問する）。

　　1）イエスはどんな姿でこの世に来られましたか。
　　　　その意味は何ですか。
　　2）クリスマスに関連した思い出を話してみましょう。

4. 進行係：次の聖書の箇所をともに味わってみましょう。

　キリストは、神の身分でありながら、神と等しい者であることに固執しようとは思わず、かえって自分を無にして、僕の身分になり、人間と同じ者になられました。人間の姿で現れ、へりくだって、死に至るまで、それも十字架の死に至るまで従順でした。このため、神はキリストを高く上げ、あらゆる名にまさる名をお与えになりました（フィリピ2・6-9）。

　　1）あなたは神さまの姿を、どんなふうに描いていましたか。
　　2）神さまは人間となったと言われますが、人間とは、この聖書の箇所を読んでどんなものだと思いますか。
　　3）あなたは人間の偉大さの基準を、どこにおいていますか。

参考聖書

　　マタイ　2・1-12　：東方の博士の訪問
　　ヨハネ　1・1-18　：みことばが人となられた

C. さらにもう一歩

　神さまが人間となり、私たちとともにおられるようになった神秘の中で、私たちは神さまが人間とこの世をどれほど愛しているかを知ることができます。「暗闇に住む民は、大きな光を見る」（マタイ4・16）というみことばのように、私たちはキリストを通して、いのちの光を受けました。それで私たちはこの方を「道、真理、命」（ヨハネ14・6）と告白します。

1．進行係：（参加者に質問する）。

　1）「暗闇に光を見た」という体験がありますか。そのことによって、あなたの考え方、生き方は変わりましたか。
　2）あなたは、自分を無にして相手と一つになりたいという衝動を覚えたことがありますか。
　　（さしつかえなければ一組対話した後、全体の集いで発表する）。

2．進行係：この課のまとめとして、私たちは自分の孤独をどの程度克服しているか、分かち合ってみましょう。

　　「どうせ人間は一人でこの世に生まれてきて、一人で死んでいくのだ」という声を聞くことがあります。確かに、高齢者の孤独死に出会ったり、親しい人と意見や思いが、なかなかかみ合わない体験をしたりすると、果てしない暗黒の宇宙に一人取り残されたような孤独を感じることがあります。
　　しかし四国のご遍路さんは一人で歩きながら、「同行二人」と書かれた笠をかぶって歩き、クリスマスは「インマヌエル」（共におられる神）をメッセージとして発信しています。自分自身の孤独の度合いと、それをどのように切り抜けているか、分かち合ってみましょう。

3．進行係：自由な祈りをささげながら、集いを終わりましょう。
　　　各自、今日学んだことや感じたことをもって祈りをしてみましょう。

　　　例）主よ、あなたは貧しく来られて、貧しい私を慰めてくださいます。
　　　　私も …………………………………………………… アーメン。

進行係のためのメモ

　愛する者は愛する相手と一つになろうとします。無限の隔たりのある神さまと人間の間をものともせず、人間となったばかりか、ご自分を無とされた神さま。このどうにも止まらないほど、ほとばしる神さまの愛の衝動を感じるように導きます。

　神さまは自ら小さな者となり得るほど偉大な方です。私たちが神さまを愛することができるように、神さまは弱きものとなって無防備な幼子として私たちのもとに来てくださるほど力強い方です。

（ベネディクト16世　2005年12月24日）

覚えましょう

34. イエスはどこでお生まれになりましたか。

*イエスはイスラエルのベツレヘムでお生まれになりました。

　そこはパレスチナ地方で、当時ローマ帝国の植民地でした。イエスは幼い時ナザレで成長し、ガリラヤ地方で福音を宣教し、最後に亡くなられた所はエルサレムです。

35. イエスの誕生日は 12 月 25 日ですか。

*イエスがいつお生まれになったのか、正確に知ることはできません。

　12 月 25 日は本来、ローマ時代に「不滅の太陽の誕生日」として祝われていた日でした。ローマ帝国がキリスト教を承認した 313 年以後、イエスを「正義の太陽」としてあがめ、その日をイエス・キリストの誕生日として記念するようになりました。しかし、東方ギリシャ正教会では彼らの太陽神祝日の 1 月 6 日を誕生日とし、アルメニア正教徒は 1 月 17 日をイエスの誕生日として祝います。

36. クリスマスの準備期間である待降節をどのように過ごさなければなりませんか。

*ゆるしの秘跡などを通して心を新たにして、隣人愛を実践しながら、キリストを迎える準備をします。

　待降は「降りることを待つ」という意味で、待降節とはイエス・キリストの誕生を記念するイエス聖誕前の 4 週間のことを言います。イエスが昇天されてから再び来られる時まで目覚めて待つことが教会の生活だとすれば、待降節はこのような教会の姿を最もよく表しています。

37. イエスの称号にはどんなものがありますか。

*イエスを「キリスト」「主キリスト」「神の小羊」「神の子」「人の子」「みことば」など、いろいろな称号で呼びます。その称号には深い意味が込められています。

1）イエス：「イエス」という名前は「神が救われる」という意味を持っています。イエスは自分の民を罪から救われる方だからです。

2）キリスト：ヘブライ語の「メシア」をギリシャ語に翻訳すれば「キリスト」です。キリストとは「油を注がれた者」という意味です。旧約聖書を見れば、神さまが立てた王、司祭、預言者たちは塗油の儀式を行いました。イエスをキリストであると告白するのは神さまが立てた王であり、大祭司であり、預言者という意味が込められています。イスラエルの民が長い間待っていたメシアが、まさにイエスということです。

3）主キリスト：主キリストとは神さまの主権を意味します。イエスを主キリストであると呼ぶことは、その方がもっている神性に対する信仰を表します。使徒パウロは次のように告白します。「唯一の主、イエス・キリストがおられ、万物はこの主によって存在し、私たちもこの主によって存在しているのです」（1コリント8・6）。

4）神の小羊：イスラエルの民がエジプトでの奴隷生活から解放される時、小羊を献げ物にしました。イエスを信じながら救いを体験した信仰者たちは、この世の罪悪から解放されるのにイエスの十字架の上での死が決定的役割を果たしたので、イエスの死を「神の小羊」のいけにえに例えました。

5）神の子：イエスは神さまを「父」、「わたしの父」と呼び、大変親密な関係を表しました。イエスは「わたしが父の内におり、父がわたしの内におられることを、信じないのか。わたしがあなたがたに言う言葉は、自分から話しているのではない。わたしの内におられる父が、その業を行っておられるのである」（ヨハネ14・10）と話されます。

6）人の子：「人の子」はダニエル書（7・13-14）に由来した称号として終末に現れて万民を審判する天上の主権者を意味します。再臨される主キリストは、終末の審判者として来られるのでイエスを「人の子」と呼びます。

7）みことば（ロゴス）：ヨハネによる福音書（1・14）で、みことばはとりもなおさず人になられた神さまを意味します。イエスは神さまとして最初からいらっしゃった方だったことを告白する称号です。

第11課　見捨てられた人々

進行係：(参加者を歓迎して、十字架のしるしをしながら集いを始めます)。

　　　2～3人の方が、祈りでイエスさまをこの席に招いてくださいませんか。

Ａ．私たちの身の周りのことから

　私たちの周囲を見回すと、「見捨てられた」（疎外された）と感じている人たちがたくさんいます。

1．進行係：下の写真を見てみましょう。

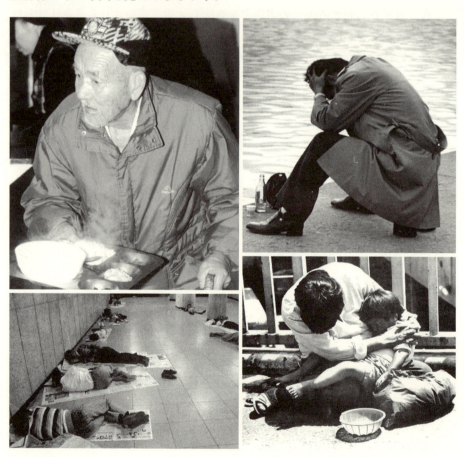

2．進行係：(参加者たちに質問をする)。

  1) 写真を見ながら、感じたことなどを話し合ってみましょう。
  2) 私たちの家庭、隣人、社会から無視され見捨てられた人たちはどんな人であり、その人たちの気持ちはどんなものか考えたことがありますか。

3．進行係：次の意見について、○(賛成)、×(反対)、△(分からない)、？(疑問)、！(なるほど) のしるしを付け、その理由を出し合い、分かち合ってみましょう。

  □1) カトリックの人は、事実を確かめもしないで、人の噂を信じて、風評に惑わされ、人を差別することがある。

  □2) カトリックの人は神さまを拝むが、人を軽蔑し、よく悪口を言う。

  □3) 愛の反対は憎しみではなく、無関心である。

  □4) 差別反対運動に関わると、逆差別問題が起きたりして、泥沼に陥ることがある。

B．神さまのことば

　イエスの生まれた時代には、重い皮膚病は難病でした。重い皮膚病はからだの組織を壊し、結局はいのちまでも奪っていく恐ろしい病として捉えられていました。そのうえ、この病にかかった人は罪人として扱われ、共同体から隔離され、家族や隣人たちからも見捨てられていました。しかしイエスは彼らを受け入れ、治してくださいました。

1．進行係：どなたか、マタイによる福音8章1節から4節 (重い皮膚病患者を治されたイエス) を読んでくださいませんか。
　　　　──聖書を読む──

　　　　他の方が、もう一度読んでくださいませんか。
　　　　──聖書を読む──

２．進行係：今読んだ聖書の中で、心に響いた単語あるいは一節を選んで、祈るように、
　　　　　　３回ずつ読んでくださいませんか。
　　　　　　（同じ箇所を３回繰り返す間は、沈黙をお守りください）。

　　１）１分ないし２分間沈黙し、神さまが私たちに語りかけてくださるみことばに耳
　　　　を傾けましょう。
　　２）心に響いたみことばは何でしたか。自分が選んだ単語あるいは節が、なぜ心に
　　　　ひびいたかを互いに話し合ってみましょう。

３．進行係：次の聖書の箇所を読んで、下記の質問に答え、さらに話し合ってみましょ
　　　　　　う。

　　また、イエスは招いてくれた人にも言われた。「昼食や夕食の会を催すときには、友
人も、兄弟も、親類も、近所の金持ちも呼んではならない。その人たちも、あなたを招
いてお返しをするかも知れないからである。宴会を催すときには、むしろ、貧しい人、
体の不自由な人、足の不自由な人、目の見えない人を招きなさい。そうすれば、その人
たちはお返しができないから、あなたは幸いだ。正しい者たちが復活するとき、あなた
は報われる」（ルカ 14・12-14）。

　　１）服装や肩書きによって、他の人々への態度が変わったことがありますか。
　　２）貧しい人々は、招きへの物質的お返しはできなくとも、どんなお返しをしてく
　　　　れますか。
　　３）「あなたは報われる」とありますが、報われた体験を分かち合ってみましょう。

参考聖書

　　マタイ　11・2-6　：見捨てられた人たちのために来られたイエス
　　ル　カ　　7・11-17：やもめの息子を生き返らせる
　　ル　カ　17・11-19：重い皮膚病患者 10 人の人をいやす
　　ル　カ　18・35-43：エリコの近くで盲人をいやす

C．さらにもう一歩

　私たちの周りには貧しく、世の中から見捨てられた人たちがたくさんいます。私たちは彼らを通して、イエスに出会い、イエスの愛を分かち合うことができます。イエスは神さまの子供である私たちが、そのような人たちとともにいることを求めておられます。

1．進行係：（参加者たちに質問をする）。

　　1）社会から見捨てられた人たちを訪問した体験がありますか。お互いに話してみましょう。
　　2）カトリック教会は、多くの社会福祉活動をしています。主の愛を表すために、私たちにできる奉仕の計画を立ててみましょう。
　　3）いわゆる離婚者とか教会から遠ざかっている方々への偏見とか固定観念（思い込み）はないか、話し合いましょう。

2．進行係：「主の祈り」を一緒にささげて、集いを終わりましょう。（176 頁）

進行係のためのメモ

　疎外とか差別を取り扱う場合、最大の注意が必要です。気づかないうちに自分をその人たちとは別世界の者、その人たちに恵みを与えてあげるという態度をとってしまう場合があるからです。
　「インマヌエル」、すなわち「ともに寄り添う」とはどういうことか、じっくり語り合うことが大切です。神さまのみが人の心の中に入ることができるのであって、人間には不可能だということも押さえておく必要があります。

覚えましょう

38. イエスは、どのような生活をされましたか。

＊イエスは30歳の頃、救い主として公の宣教を始めました。約3年間、神さまのみことばを宣べ伝え、33歳で亡くなられました。

39. イエスは、どんな人々と親しく過ごされましたか。

＊とくに貧しい人、社会から見捨てられた人々と親しく過ごされました。

40. イエスの弟子は何名ですか。

＊イエスは弟子たちの中から12名を選び、「使徒」と名づけられました。

　12使徒の名は次のとおりである。まずペトロと呼ばれるシモンとその兄弟アンデレ、ゼベダイの子ヤコブとその兄弟ヨハネ、フィリポとバルトロマイ、トマスと徴税人のマタイ、アルファイの子ヤコブとタダイ、熱心党のシモン、それにイエスを裏切ったイスカリオテのユダである（マタイ 10・2-4）。

　この12人は象徴的な数字です。12部族が集まってイスラエルの民ができたように、12使徒を通して神さまの新しい民ができたという意味です。

　12使徒の代表はペトロです。イエスはペトロを教会の礎として天国の鍵を任せられました（マタイ 16・18-19）。しかし12使徒以外にもイエスに従っていた人々はたくさんいました。使徒パウロは12使徒ではありませんでしたが、異邦人にキリスト教を知らせた使徒でした。また、多くの女性たちのグループもいました（ルカ 8・1-3）。

41. 典礼とは何ですか。

＊神さまにささげる公的礼拝です。

　典礼は教会活動の目指す頂点であり、すべての力の湧き出る源泉です。カトリック教会は典礼を通して全世界で同じ日、同じ形式、同じ意向で神さまを賛美します。典礼の祈りは教皇庁の典礼秘跡省が承認をした祈り文を使って、教会の名前で行い、正式に任命された人が典礼を指導します。ミサが典礼の中心であり、秘跡、聖務日課（教会の祈り）、神聖な行列、聖体賛美式などが典礼に含まれます。そして「ミサ典礼書」、「教会の祈り」、「秘跡の儀式書」に従います。典礼に参加する時、主キリストの愛とゆるしを体験するために、私たちは敬虔な気持ちを保たなければなりません。

　なお、典礼は教会活動の頂点ですが、全世界に広がるその他の諸活動という裾野との一体化は、さらに重要なことです。

42. 典礼暦とは何ですか。
   ＊教会のカレンダーです。

   教会は1年を周期としてキリストの神秘を記念します。その神秘の頂点は復活祭です。その始まりはキリストの誕生ですから典礼歴もそこから始まり、復活というクライマックスに至り、主日ごとに、これを記念する形となっています。1年は①待降節、②降誕節、③四旬節、④復活節、⑤年間に分けられます。

43. 守るべき祝日とは何であり、いつですか。
   ＊信徒の義務としてミサにあずかる、記念すべき祝日です。

   日本の教会における守るべき祝日は、すべての主日（日曜日）、主の降誕の祭日（クリスマス）、そして神の母聖マリアの祭日（1月1日）です。

第12課　神さまの国

進行係：（参加者を歓迎して、十字架のしるしをしながら集いを始めます）。

2～3人の方が、祈りで神さまをこの席に招いてくださいませんか。

A．私たちの身の周りのことから

1．進行係：どなたか、次の話を読んでくださいませんか。

　アフガニスタンは、あの9・11の米国中枢同時テロ以来、最悪の治安状態のようだ。カルザイ政権の支配地域はごく一部となり、反政府ゲリラが全土で活発化している中で、邦人拉致事件は起きた。

　そしてあってはならない、起きてほしくない最悪の結果となってしまった。非政府組織（NGO）「ペシャワール会」の伊藤和也さん（31）が、遺体となって見つかった。

　現地の医療・民生支援活動を献身的に展開しているボランティアの一員が、犠牲になるとは。アフガン復興に夢を乗せ、農業技術の指導に身を投じていた。この冬で丸5年を迎えようとしていた。なんとも痛恨、やり切れない。

　日本政府が、米国の意向を背景に「自衛隊のアフガン派遣」を検討した時期があった。この時、ペシャワール会代表の中村哲医師は、身辺の危険を理由に、活動の一時停止について言及していた。「少なくともアフガン東部で親日感情をつないできた糸が切れる」（同会報紙）と懸念。

　現地では、インド洋上の自衛隊給油活動はほとんど知られていないという。むしろ、日本は最大の民生支援国として歓迎されてきた。「私たちにとって大きな安全になっていたのは疑いない」、「現地の人たちと一緒に成長していきたい」、「緑豊かな国に戻すことをお手伝いしたい」、「行ったとしても現地の厳しい環境に耐えられるか分かりません。しかし現地に行かなければ、何も始まらない」（『長崎新聞』2008年8月28日付）。これが亡くなった伊藤和也さんのアフガン志望の動機だったという。

2．進行係：（参加者たちに質問する）。

　1）新聞が伝えるこの出来事について、自由な意見を出し合ってみましょう。
　2）この若者のアフガン志望動機を、どう思いますか。
　3）「自衛隊のアフガン派遣」に対する中村哲医師の文中のことばを、どう思いますか。

3．進行係：次の意見について、○（賛成）、×（反対）、△（分からない）、？（疑問）、！（なるほど）のしるしを付け、その理由を出し合い、分かち合ってみましょう。

　□1）ペシャワール会の活動はアフガニスタンの砂漠を緑の大地に変えつつある。これは神さまの国の建設そのものである。

　□2）神さまの国は心の中にあるものであり、死んだ後に訪れるものである。

　□3）「主の祈り」には「み国が来ますように」と祈るように言われているので、天国に行くことより天国が来るように願う必要がある。

　□4）「神さまの国はどこにあるというものではない。あなたがたの間にある」（ルカ 17・21）とも言われている。だから神さまの国は人間の関わり合いの中にある。

　□5）日本も昔は「神国」と言われたことがある。だから神さまの国なのだ。

Ｂ．神さまのことば

1．進行係：どなたか、マタイによる福音 5 章 1 節から 12 節（山上の説教）を読んでくださいませんか。
　　　　——聖書を読む——

　　　　他の方が、もう一度読んでくださいませんか。
　　　　——聖書を読む——

2．進行係：今読んだ聖書の中で心に響いた単語あるいは一節を選んで、祈るように3
　　　　　　回読んでくださいませんか。
　　　　　　（3回繰り返す間は沈黙をお守りください）。

　1）1分ないし2分間沈黙し、神さまが私たちに話されることに心を向けましょう。
　2）自分が選んだ単語あるいは聖書の節が、なぜ心に響いたかをお互いに分かち
　　　合ってみましょう。
　3）12節の後に次のことばをつぶやいてみましょう。
　　　「このようなさまざまな闇の中にある人は幸いである。
　　　　　闇に導かれて満天の星を見ることができるであろう」。

　イエスは、この地上に神さまの国を実現させるため、全生涯をささげられました。そ
してイエスは、私たちもまた、神さまの国の中で生きることを望まれました。

3．進行係：次の聖書の箇所を一緒に読みましょう。

　だから、言っておく。自分の命のことで何を食べようか何を飲もうかと、また自分の
体のことで何を着ようかと思い悩むな。命は食べ物よりも大切であり、体は衣服よりも
大切ではないか。空の鳥をよく見なさい。種も蒔かず、刈り入れもせず、倉に納めもし
ない。だが、あなたがたの天の父は鳥を養ってくださる。あなたがたは、鳥よりも価値
あるものではないか。……あなたがたの天の父は、これらのものがみなあなたがたに必
要なことをご存じである。何よりもまず、神の国と神の義を求めなさい。そうすれば、

これらのものはみな加えて与えられる（マタイ 6・25-33）。

1）何か巨大なものに抱きしめられている自分を、どれほど認識できているか分かち合ってみましょう。
2）ゆったりと大海に身をまかせるような生活ができないとすれば、それはなぜなのか、分かち合ってみましょう。

参考聖書

マタイ　25・14-30　　：「タラントン」のたとえ
マルコ　　4・26-29　　：「成長する種」のたとえ
マルコ　　4・30-32　　：「からし種」のたとえ
ルカ　　17・20-21　　：神の国が来る

C．さらにもう一歩

　神さまの国はこの世の富や栄華より、まず神さまの正義と愛を実践する中に現れます。愛と正義があふれる神さまの国をこの地上にうち建てるために、私たち各自にできる事が何であるか探してみましょう。

1．進行係：（参加者たちに質問する）。

1）あなたが考えている真の幸福とは何か、紙に書いてみましょう。その後、イエスが言われる真の幸福と比較してみましょう。
2）平和のため働いている人や、正しい事をしていて迫害を受けている人たちを、周囲から探してみましょう。彼らのためにできる仕事や彼らと一緒にできることはどんなことがあるでしょうか。

2．進行係：自由な祈りをささげながら、集いを終わりましょう。

　まず、「主よ」とか「イエスさま」と呼び、そして自分の気持ちを簡単に表現してみましょう。他の人たちは祈りが終わる時、「アーメン」と応えます。

・主よ！……………………………………………アーメン。
・イエスさま！……………………………………アーメン。

覚えましょう

44. 「神さまの国」とは何ですか。
＊神さまの愛が支配している状態、または場所のことです。

45. イエスがくださった最も大事な掟は何ですか。
＊「神さまへの愛」と「隣人愛」です。

　イエスが与えた新しい掟は旧約聖書の律法を廃棄して新たに作った律法ではありません。《イエスは言われた。「『心を尽くし、精神を尽くし、思いを尽くして、あなたの神である主を愛しなさい。』これが最も重要な第一の掟である。第二も、これと同じように重要である。『隣人を自分のように愛しなさい。』律法全体と預言者は、この二つの掟に基づいている」》（マタイ 22・37-40）。法律を形式的に守るのではなく、その根本精神の愛の心で実践しなさいということばです。イエスは弟子たちに「あなたがたに新しい掟を与える。互いに愛し合いなさい。わたしがあなたがたを愛したように、あなたがたも互いに愛し合いなさい」（ヨハネ 13・34）と教えられました。

46. なぜ十字架は、キリスト教の象徴になったのですか。
＊イエスが神さまと人への愛のために、十字架上で亡くなられたからです。

47. イエス・キリストを表す象徴には、どんなものがありますか。

 ギリシャ語の最初の字アルファ（A）と最後の字オメガ（Ω）で、この世の歴史の開始から終末までイエス・キリストが治められるという意味を暗示します。

イエスが処刑された十字架上には INRI という表札が付いています。それはローマ総督ピラトがイエスの十字架上に書いて付けた罪状のラテン語略字で「ユダヤ人の王ナザレのイエス」（Iesus Nazarenus Rex Iudaeorum）を意味します。

　ローマの迫害時代に信徒たちだけが知っている暗号として魚を描きました。「イエス・キリスト、神の子、救世主」というギリシャ語の初めの字をまとめると「魚」という単語になるからです。

　「キリスト」というギリシャ語の最初の二つの字を取って作った象徴です。

第13課　イエスの受難と死

進行係：(参加者を歓迎して、十字架のしるしをしながら集いを始めます)。

　　　　2〜3人の方が、祈りで神さまをこの席に招いてくださいませんか。

A．私たちの身の周りのことから

1．進行係：次の文章は第2次世界大戦当時、ユダヤ人を収容していたアウシュビッツ
　　　　　収容所で起きた事件についてのものです。
　　　　　どなたか、次の話を読んでくださいませんか。

　1941年7月末、マキシミリアノ・コルベ神父がいた14号監房から一人が脱走した。
捕虜一人が逃げると同じ監房にいる10名が見せしめのため餓死刑にされることになっ
ていた。強制収容所の所長は餓死刑にする10名の番号を順番に呼んだが、その中の一
人が泣き叫んだ。「ああ！かわいそうな妻と子供たち！もう会えないのか。」死刑囚たち
は裸足で刑場へ駆り立てられていった。見るに忍びない残酷な光景の中で人々は身動
きもできなかった。左側にはあの恐ろしい13号の監房があった。黒い壁の死刑執行室、
死刑台、そして餓死監房。
　そのとき突然、全然考えもしない事が起きた。一人の捕虜が驚いている同僚たちをか
きわけて、前に進み出たのであった。マキシミリアノ・コルベ神父だった。彼は所長の
前に落ち着いて立った。「あの死刑囚の代りに、私が死にます。私はもう老いていて使
いものにならない人間です。生きていても何もすることができないでしょう。夫人と子
供たちがいるあの人の代りに、私が死にます。」結局その男の代りに、コルベ神父が死
の行進の最後に、あたかも羊の群れの行進のように去っていった。
　普通餓死監房は死刑囚たちの喚き声で地獄の様相をあらわしていた。しかし、この度
は死刑囚たちが喚きたてもせず、呪いの声も浴びせず、逆に歌を唄っていたのである。
コルベ神父は一人ずつ死んでいく人々を最後まで見守りながら、祈り、彼らを慰めてい
た。そして、彼は死の注射を受けて、大きな目を開いたまま、息をひきとった。

　　　　　　　　　　　　(マリア・ヴィノフスカ『マキシミリアノ・コルベ』より)

２．進行係：(参加者たちに質問する)。

　　１）コルベ神父は、なぜその人の代わりに引かれていったのでしょうか。
　　２）コルベ神父の犠牲でいのちを得た人は、コルベ神父に対してどんな心を持った
　　　　でしょうか。

３．進行係：次の意見について、○(賛成)、×(反対)、△(分からない)、?(疑問)、!(な
　　　　るほど) のしるしを付け、その理由を出し合い、分かち合ってみましょう。

　　□１）人間は自分の利益になることでなければ動かない。

　　□２）聖コルベ神父は、「なぜこんなことができたのですか」と、誰かが聞いたと
　　　　しても、はっきりとしたことばでは答えられなかっただろう。

　　□３）ときどきイエス・キリストの十字架に至るまでの自己放棄を、自然に自分の
　　　　生き方に写し取っていく者が現れるが、それはマインドコントロールされた
　　　　からだ。

　　□４）イエスにとって十字架は、同時に喜びだったのだ。

　　□５）二十六聖人の中の三人の子供たちは、はりつけにされる自分の十字架に喜ん
　　　　で、駆け寄ったと言われる。

Ｂ．神さまのことば

　イエスは私たちのために亡くなられました。罪と死の暗闇の中で生きていく人類を救
うためにいのちをおささげになりました。「友のために自分の命を捨てること、これ以
上に大きな愛はない」(ヨハネ 15・13) と言われたみことばが、ご自分の受難と死を通
して完成しました。

１．進行係：どなたか、ルカによる福音書 23 章 32 節から 43 節（十字架につけられる）
　　　　を読んでくださいませんか。
　　　　　──聖書を読む──

　　　　　他の方が、もう一度読んでくださいませんか。
　　　　　──聖書を読む──

2．進行係：今読んだ聖書の中で、心に響いた単語あるいは節を選んで、大きな声で祈
　　　　　るように、3回ずつ読んでくださいませんか。
　　　　　（同じ箇所を3回繰り返す間は、沈黙をお守りください）。

　1）1分ないし2分間沈黙し、神さまが私たちに話されるみことばに、耳を傾けま
　　　しょう。
　2）あなたにとって心に響いたみことばは何でしたか。自分が選んだ単語あるいは
　　　節が、なぜ心に響いたかを、お互いに分かち合ってみましょう。

3．進行係：どなたか、マタイによる福音書26章36節から46節（ゲツセマネで祈る）
　　　　　を読んでくださいませんか。
　　　　　（その後、次の質問への答えを皆で探してみましょう）。

　1）聖書の中でこの箇所とは逆に、弟子たちが目覚め、イエスが眠っていた場面は
　　　どの場面ですか。
　2）弟子たちの目覚めとイエスの目覚め、イエスの眠りと弟子たちの眠りはどこが
　　　違いますか。

参考聖書

Ｃ．さらにもう一歩

　イエスはご自分を憎み、殺した人たちに対し、愛で応えられました。イエスは彼らを排斥したり報復したりせず、彼らをゆるして彼らのために祈られました。イエスの十字架上の死は、罪に陥る人間を限りなくおゆるしになる神さまの慈しみを表しています。

１．進行係：（参加者たちに質問をする）。

　　１）あなたは他の人のために何かを犠牲にした経験がありますか。
　　　　逆に犠牲をさせたことがありますか。
　　２）あなたは家族や隣人との関係で困難が生じた時、相手のために祈ったり、先にゆるしと和解の努力をしたことがありますか。
　　　　（一組対話をした後、全体の集いで発表する）。

２．進行係：「使徒信条」を唱えながら、集いを終わりましょう。（176 頁）

進行係のためのメモ

　　人間が愛を知る原点としての受難をしっかり捉えることが大事です。苦しみが単なる苦しみ、死が単なる犬死にではなく、同時に喜びであり、いのちなのだということ。それは、泉のように湧き上がる愛のなせる業であるという中心点をはずさないことが重要です。

　　親が子のために己を捨てる力、どんな困難な状況も愛する者のために犠牲を引き受けるエネルギーは、それが泉のように湧いてくる源泉を持っています。その源泉からくみとった愛のエネルギーが聖コルベ神父をつくり、二十六聖人をつくりあげました。今もその源泉は枯れていないことを学びたいものです。

覚えましょう

48. 使徒信条には、どんな信仰告白が込められていますか。
　＊12の信仰箇条が込められています。

　　使徒信条は「主の祈り」と同じく初代教会の時からあった祈り文であり、特に新しい信徒が洗礼を受ける時、カトリックの信仰を受け入れるという意志表示として洗礼式の中で公式にささげます。使徒信条の内容は下記のとおりです。

1）天地の創造主、全能の父である神を信じます：神さまが宇宙万物と人間を創造し、唯一・全能であり、愛と慈悲のあふれる方であることを私たちは信じて告白します。神さまの愛により創造されたこの世は、原初的に善に根をおいているので、それ自体が本当に善で美しいのです。その中でも人間は神さまの姿に似たものとして、その息吹を受けた貴い存在です。

2）父のひとり子、わたしたちの主イエス・キリストを信じます：イエスは神さまを「私の父」と呼びました。このような呼称は、父なる神さまとイエス・キリストとの間の深い親しい交わりと完全な愛の一致を表します。

3）主は聖霊によってやどり、おとめマリアから生まれ：「見よ、おとめが身ごもって、男の子を産み／その名をインマヌエルと呼ぶ」（イザヤ7・14）と預言された旧約聖書のみことばどおりに、イエスは特別な方法でこの世に来られました。「インマヌエル」は、「神が私たちと共におられる」という意味です。

4）ポンティオ・ピラトのもとで苦しみを受け、十字架につけられて死に、葬られ：ポンティオ・ピラトとは、当時ローマ帝国から派遣された地方総督の名前です。神さまの意を実行していたイエスは、ユダヤの宗教指導者たちの憎しみを受けるようになり、彼らはローマ総督にイエスを訴えて殺そうとしました。イエスは自分に迫る受難と死を自由に受け入れました。

5）陰府（よみ）に下り、三日目に死者のうちから復活し：イエスの復活は死の勢力に耐えて、善で悪に打ち勝った勝利のしるしです。復活された主キリストは、神さまの平和を伝えながら新たないのちを与えられました。

6）天に昇って、全能の父である神の右の座に着き：イエスは復活してから昇天されました（使徒1・3-11）。イエスの昇天は、神さまがこの世に来てくださり、使命を完成されたということ、神さまの愛を受ける子として「父の完全な栄光」の中に入られたということ、そしてこの世の万物を治めて人間を救うすべての主権が、父なる神さまとともにその方にも与えられたということを意味します。

7）生者（せいしゃ）と死者を裁くために来られます：審判には私審判と公審判があります。私審判とは人が死んでから神さまの前に出て、自分がこの世において自由に選択しながら生きてきた結果に従って、罰や報いを受けることを言います。公審判

とはこの世の終末にすべての人類を対象にキリストが行われる最後の審判のことを言います。

8）聖霊を信じ：聖霊は神さまとの親しい交わりを回復させてくださり、神さまの真理と愛をキリスト者たちの心に植え付けてくださり、真の人生の道を開いてくださいます。キリスト者は父と子とともに聖霊を信じます。

9）聖なる普遍の教会、聖徒の交わり：カトリック教会は聖なる神さまが建てたので神聖であり、世界中すべての人々が信じることができるので普遍的です。すべての信徒がキリストのうちに一体となるので、生きている者と死者が祈りと犠牲、ミサ聖祭の中でお互いに一致して助け合います。

10）罪のゆるし：イエスは、義人でなく罪人を救いにこの世に来られました。イエスは自分の弟子たちに「聖霊を受けなさい。だれの罪でも、あなたがたが赦せば、その罪は赦される。だれの罪でも、あなたがたが赦さなければ、赦されないまま残る」（ヨハネ 20・22-23）と話されました。

11）からだの復活：イエスの復活を目撃した弟子たちは、死が終わりではなく、神さまのうちにふたたび復活することができることを信じます。

12）永遠のいのちを信じます：信仰者たちは、この地上でも、地上の生涯を終わってからも、神さまに出会うことを最も幸福なことだと信じています。

第14課　イエスの復活と昇天

進行係：（参加者を歓迎して、十字架のしるしをしながら集いを始めます）。

2〜3人の方が、祈りで神さまをこの席に招いてくださいませんか。

Ａ．私たちの身の周りのことから

1．進行係：どなたか、次の話を読んでくださいませんか。

　登山を愛し、器械体操をこよなく愛したスポーツマンの星野さんは、不慮の事故で、首から下がすべて麻痺するという、あまりにも過酷な障害を背負わされてしまいました。手も足も体も、まったく動かないばかりか、感覚すらありません。ベッドに横たわって、ただ天井を見つめる毎日。それは不治なるが故に絶望的な闘病生活でした。そんな中で、彼は、ほんのわずか動かすことのできる口に筆をくわえて、ついに文字をつづり、絵を描けるようになったのです。その文字と絵は、彼にとっていのちそのものなのです。
　今ここに、その道のりを振り返って語る、星野さんの一つひとつのことばは、多くの人の心を、はげしく揺り動かさずにはおきません。

　「高校一年のとき、体育館のつり輪にぶらさがりたい一念で、器械体操を始めた。たちまち、その魅力にとりつかれていった。ただただ、体操をやりたくて、大学も体育科に進学。そして、体育の教師になった。が、二十四歳の六月十七日、わずか二カ月あまりで、私の教師生活は終わった。
　肩から下すべての自由を失ったからだ。それからは病院の天井だけをみつめる日々。文字通り、手となり足となって看病をしてくれる母との病院生活。生きる目的も見いだせず、だからといって、自ら死を選ぶ勇気もなく、ただ生きながらえることの苦痛。
　そんな矢先、口に筆をくわえて字がかけることを知った。絵もかけるようになった‼私はやっと自分が生きてゆけそうな気持ちになった。絶望の淵からなんとかはい上がれそうに思えた──。
　故郷を出て故郷が見え、失ってみて初めてその価値に気づく。苦しみによって苦しみから救われ、かなしみの穴をほじくっていたら喜びが出てきた。生きているっておもしろいと思う。いいなあ、と思う。
　まだまだこれからだ。
　両手を広げてまっているあの山のふところで、これから、私にしかできない文字をつづっていこう」。

（星野 富弘『愛、深き淵』より）

2．進行係：（参加者たちに質問をする）。

　　　1）星野さんは、自分の障害をどのように迎えましたか。
　　　2）亡くなられた方や障害を持つ方々の中で、あなたに対して、今でも力になって
　　　　くれる方がありますか。　なぜそうですか。
　　　　（一組対話をした後、全体の集いで発表する）。

3．進行係：次の意見について、○（賛成）、×（反対）、△（分からない）、？（疑問）、！（な
　　　　るほど）のしるしを付け、その理由を出し合い、分かち合ってみましょう。

　　　□1）星野さんの苦しみからの復活とイエス・キリストの復活は同じことである。

　　　□2）「かなしみの穴をほじくっていたら喜びが出てきた」という文章の「かなし
　　　　みの穴」とは復活の墓のことかもしれない。

　　　□3）星野さんの復活を実現させたのは星野さんだけの特別の力である。

　　　□4）人間は苦労しないと良い人間にはなれない。

　　　□5）人間の中には説明しがたい復活力が潜んでいる。

B．神さまのことば

　　十字架の上で亡くなったイエスは復活されました。弟子たちは復活された主に出会い、
主は真に生きておられると証言しました。使徒パウロは、「キリストが復活しなかった
のなら、あなたがたの信仰はむなしく、あなたがたは今もなお罪の中にあることになり
ます」（1コリント15・17）と伝えます。

1．進行係：どなたか、マタイによる福音書28章1節から10節（復活されたイエス）
　　　　を読んでくださいませんか。
　　　　——聖書を読む——

　　　　他の方が、もう一度読んでくださいませんか。
　　　　——聖書を読む——

２．進行係：次の聖書の箇所を一人ずつ、祈るように唱えてくださいませんか。
　　　　　　（同じ箇所を３回繰り返して読む間、他の者たちは沈黙を守る）。

　　　　　　　「復活なさったのだ」（３回）
　　　　　　　「大いに喜び」（３回）
　　　　　　　「知らせるために」（３回）
　　　　　　　「会うことになる」（３回）

３．進行係：（参加者たちに質問する）。

　　１）弟子たちは復活された主に出会い、どのように変えられましたか。
　　２）復活された主が話しかける「平和」の挨拶には、どんな意味が込められていますか。

参考聖書

ル　カ	24・13-35	：エマオで現れる
ヨハネ	14・1-7	：イエスは父に至る道
ヨハネ	20・19-29	：イエス、弟子たちに現れる
ヨハネ	21・1-14	：イエス、７人の弟子に現れる
１コリント	15・1-11	：キリストの復活

C. さらにもう一歩

　1969年7月21日、人類は初めて地球以外の天体すなわち月に到達しました。この時、天に向かって勢いよく突き進むロケットは数分の後、人々の目から消えていきました。
　しかしその肉眼の世界の向こうの世界を科学の目、すなわちコンピューターが捉え、ロケットを月世界へと導いていったのです。
　ところが、月に行った宇宙飛行士たちは地球に帰る途中で「自分たちは神さまを見た」というメッセージを発表しました。

1. 進行係：(参加者たちに質問をする)。

　　1)「神さまを見た」というその神さまを見る目は、どんな目だと思いますか。
　　　①肉眼　②コンピューター　③顕微鏡　④心の目　⑤信仰の目
　　2) どうすればその目を持つことができると思いますか。
　　　①眼鏡を掛ける　②訓練する　③祈りをする　④すでに与えられている　⑤その他
　　3) あなたは家族や友達、特に貧しい人、障害を持っている人の中に、何を見ていますか。

2. 進行係：どなたか、使徒言行録1章6節から11節（イエス、天に上げられる）を読んでくださいませんか。

　　1)「あなたがたが天に昇るのを見たイエスは、またおいでになる」ということばがありますが、それはいつのことですか。
　　　①世の終わり　②すでに戻っている
　　2)「天を見る目」とは、別のことばで言えば何ですか。
　　3) その「天を見る目」でこの地上を見ると、何が見えると思いますか。

3. 進行係：自由に祈りをささげて、この集いを終わりましょう。

進行係のためのメモ

イエスの復活を「死者のよみがえり」という面だけでなく、「ともに現存するイエス」として捉えることが大事です。

水たまりに石を投ずれば幾重にも波紋が広がります。波紋は同心円であり、同じ中心から無限の広がりを形造っていきます。

キリストの復活は世界に投じられた波紋であり同心円です。キリスト教は復活を中心とした同心円的な運動であることはもちろん、世界のビッグバン（一点からの爆発的な広がり）でもあります。

世界が終わった後の死人のよみがえりという復活の先送りではなく、今、人間と世界を生かし続ける復活のキリストを、どのようなダイナミックな表現をもって説くことができるか。今、この唯一のテーマをキリスト者と世界の心ある人々は追い続けているのです。

福音とはすなわち復活のことであることをしっかりと捉え、自分自身の中の復活の衝動を感じつつ、いのちの同心円（波紋）をこの世界に広げたいものです。

覚えましょう

49. 四旬節はいつですか。
   ＊復活祭前の40日間を四旬節と言います。

四旬節はイエスが歩んで行かれた受難の道と十字架上の死を深く黙想しながら復活祭の準備をする期間です。

聖書で40という数字は重大な事件を前にして準備する期間を象徴します。旧約聖書でノアの洪水の時も雨が40日40夜降り、モーセが十戒を受ける前にホレブ山で40日間過ごし、預言者エリシャもホレブ山に行く時、天使がくれた食べ物を食べて40昼夜を歩いて行きました。新約聖書でイエスは40日間断食されたし、復活してから昇天されるまでの40日間地上にとどまりました。このように聖書では40という数字は回心と贖罪を通して、私たちの生活全体の刷新を促し、神さまに会うために準備する期間として示されています。このような意味で四旬節は回心と贖罪の時期であり、恵みと希望の象徴であるイエスの復活を準備する期間です。

50. 復活節には、なぜ大きなローソクに火を灯すのですか。
   ＊死の闇に打ち勝った光の象徴として、復活のローソクを灯します。

ローソクは自らを燃やして周囲を明るくするので、いろいろな象徴的な意味を持

ちます。祈りをする時や儀式の時にローソクをつけておくことは、傷のない供え物を燃やして天にささげるという意味を込めています。また燃えているローソクは、私たちの真心と祈りを神さまにささげるという意味も持っています。復活徹夜祭のミサの時には光の祭儀を行います。復活のローソクを祝別し、点火して信徒たちのローソクに火をつけながら、助祭や司祭は「キリストの光」と歌い、信徒たちは「神に感謝」と応答します。これは死の暗闇を打ち破って勝利された主キリストの復活を、光で表す儀式です。聖霊降臨の大祝日まで50日間、典礼の中で復活のローソクを灯しておきます。

51. 「黙想」とは何ですか。
   ＊煩雑な日常生活を避け、静かな心と場所で神さまのみ心を探すことです。

　　黙想は根本的に神さまと私との関係のためのものです。時に自分が生活している現場から離れて自らを振り返り、神さまのみ心を探そうとする努力が私たちの信仰生活には必要です。黙想して、私に語られる神さまに自分の心をささげると、神さまの愛と喜びに満たされるようになります。

52. 黙想をするとき、どんな心構えが必要ですか。
   ＊自分の心を落ち着けて、次のような姿勢でのぞみます。

   １）自分の力だけで良い結果を実らせるという考えを捨てて、ただ神さまに自分のすべてを任せるように心がけます。
   ２）自分をしばっているいろいろな執着と不安から脱して心を開くとき、神さまの光を取り入れることができます。
   ３）私を呼ばれる神さまのみことばに耳を傾けて、応答することができるよう努めます。

53. どこで黙想することができますか。
   ＊どこでもできますが、聖堂や修道院、黙想の家などは、特に黙想に適しています。

　　全国にある黙想の家を探すには『カトリック教会情報ハンドブック』で探すか、インターネット上で「黙想の家」で検索するといいでしょう。

第15課　聖　霊

進行係：(参加者を歓迎して、十字架のしるしをしながら集いを始めます)。

　　　　2～3人の方が、祈りで神さまをこの席に招いてくださいませんか。

Ａ．私たちの身の周りのことから

1．進行係：次の文章は、さだまさしの「風に立つライオン」の歌詞です。曲を聞きな
　　　　　　がら読んでみましょう。

　　突然の手紙には驚いたけど嬉しかった／何より君が僕を怨んでいなかったとい
　　うことが／これから此処で過ごす僕の毎日の大切な／よりどころになります
　　ありがとう　ありがとう
　　ナイロビで迎える三度目の四月が来て今更／千鳥ケ淵で昔君と見た夜桜が恋し
　　くて／故郷ではなく東京の桜が恋しいということが／自分でもおかしい位です
　　　おかしい位です
　　三年の間あちらこちらを廻り／その感動を君と分けたいと思ったことが沢山あ
　　りました
　　ビクトリア湖の朝焼け　100万羽のフラミンゴが／一斉に飛び発つ時　暗くな
　　る空や／キリマンジャロの白い雪　草原の象のシルエット／何より僕の患者た
　　ちの　瞳の美しさ
　　この偉大な自然の中で病と向かい合えば／神様について　ヒトについて　考え
　　るものですね／やはり僕たちの国は残念だけれど／何か大切な処で道を間違え
　　たようですね
　　去年のクリスマスは国境近くの村で過ごしました／こんな処にもサンタクロー
　　スはやって来ます　去年は僕でした／闇の中ではじける彼等の祈りと激しいリ
　　ズム／南十字星　満天の星　そして天の川
　　診療所に集まる人々は病気だけれど／少なくとも心は僕より健康なのですよ／
　　僕はやはり来てよかったと思っています／辛くないと言えば嘘になるけど　し
　　あわせです
　　あなたや日本を捨てたわけではなく／僕は「現在(いま)」を生きることに思い上がり
　　たくないのです
　　空を切り裂いて落下する滝のように／僕はよどみない生命を生きたい／キリマ
　　ンジャロの白い雪　それを支える紺碧の空／僕は風に向かって立つライオンで
　　ありたい

くれぐれも皆さんによろしく伝えて下さい／最后になりましたが　あなたの幸
福を／心から遠くから　いつも祈っています
おめでとう　さよなら

　これは、内面の声に抗しきれず恋人と別れて、ケニアのナイロビに行ってしまった、
青年医師の手紙に曲をつけたものです。この手紙は別れた恋人が、その別れを受け入れ、
新たな結婚を決意したことを知らせる手紙への返事です。

2．進行係：(参加者たちに質問する)。

　1）この歌詞を読み、曲を聞いて感じたことをお互いに話し合ってみましょう。
　2）目の前の幸せを捨ててまで、そして大好きな恋人と別れてまで、貧しい人々の
　　　ところに出発したこの医師を突き動かしたものは、何だったと思いますか。そ
　　　んな力を感じたことがあるか、分かち合ってみましょう。

3．進行係：次の意見について、○(賛成)、×(反対)、△(分からない)、?(疑問)、!(な
　　　るほど) のしるしを付け、その理由を出し合い、分かち合ってみましょう。

□1）壮大な大自然の中に包まれれば、人は神さまについて考えるものだ。

□2）私たちの国は何か大切なところで道を間違えたようだ。

□3）発展途上国の素朴な人々はたとえ病気であっても、心は先進国の人々より健
　　　康である。

□4）僕は、現代の豊かな社会の安楽な生活に安住したくない 。

□5）僕は、空を切り裂いて落下する滝のように、よどみないいのちを生きたい。
　　　静かで平穏な日々もいいが、ぼくの心をどうしようもなく駆り立て、吹き抜
　　　ける風に逆らうことはできない。

□6）「さようなら」は別れのことば。口語訳すれば「そうであるなら」となる。
　　　「神さま、あなたのお望みがそうであるなら」という意味である。

B．神さまのことば

1．進行係：どなたか、使徒言行録2章1節から8節（聖霊降臨）を読んでくださいま
せんか。
　　　　　——聖書を読む——

　　　　　他の方が、もう一度読んでくださいませんか。
　　　　　——聖書を読む——

2．進行係：今読んだ聖書の中で、心に響いた単語または節を選んで、大きな声で祈る
ように、3回ずつ読んでくださいませんか。
（同じ箇所を3回繰り返す間には、沈黙をお守りください）。

　1）1分ないし2分間沈黙し、神さまが私たちに語られることに耳を傾けましょう。
　2）あなたにとって、心に響いたみことばは何でしたか。自分が選んだ単語あるい
は節が、なぜ心に響いたかをお互いに分かち合ってみましょう。

3．進行係：次の意見について、○（賛成）、×（反対）、△（分からない）、？（疑問）、！（なるほど）のしるしを付け、その理由を出し合い、分かち合ってみましょう。

　　□１）聖霊降臨の日に吹いた風は、ナイロビに行った青年医師が感じた風と同じである。

　　□２）人間は神さまの息を吹きかけられて創造され（創２・７）、弟子たちもイエスの復活後に息を吹きかけられた（ヨハネ20・22）。すると、この風の元は神さまである。

　　□３）キリストが息を吹きかけられた時、「聖霊を受けなさいと言われた。だから、この息は聖霊のことで、弟子たちは聖霊によって再創造されたことになる。

　　□４）聖霊を受けた弟子たちのことばは、いろいろな国のことばの違いという壁を乗り越えた。だから聖霊は世界を結び付ける働きをする。

4．進行係：ガラテヤの信徒への手紙5章16節から26節（聖霊の実り、肉の業）を読み、肉の業と聖霊の実りを本文から探して書いてみましょう。

肉　の　業	
聖霊の実り	

参考聖書

　ヨハネ　　　14・15-26　：聖霊の約束
　ヨハネ　　　16・5-15　：聖霊がなさること
　使　徒　　　10・44-48　：聖霊を受けた異邦人

C．さらにもう一歩

1．進行係：次の質問への答えを考えてみましょう。

　1）マリアさまを中心に集まっていた弟子たちの上に聖霊が降った出来事（使2・1-5）は聖霊降臨と呼ばれます。これは教会の始まりでもあります。では聖霊は、教会以外にはお降りにならないのでしょうか。

　2）聖霊は弟子たちやあの青年医師を世界に向かって派遣しました。私たちも派遣されていると思いますか。

　3）「派遣される」とか「遣わされる」ということばを聞くと、「宣教」ということに結び付き、「他の人に教えなければ」と考えてしまいます。この考えは正しいのでしょうか。

2．進行係：（参加者たちに質問をする）。

　　　聖霊の実り—愛、喜び、平和、忍耐、親切、善行、真実、柔和、節制

　1）上の聖霊の実りの中で、自分にとって一番不足しがちな実りは何ですか。自分が選んだ聖霊の実りを1週間実践してみましょう。
　　（二人組の分かち合いをした後、全体の集いで発表する）。

　2）聖霊を招待する祈りを一緒にしてみましょう。
　　「聖霊、来てください」（典礼聖歌352番）を歌いながら聖霊を招待しましょう。
　　・各自順番に、「私に聖霊の……お恵みをください」と祈ります。

3．進行係：自由な祈りをささげて、集いを終わりましょう。

進行係のためのメモ

　「霊」ということばに抱く日本人のイメージは、もしかしたらオカルト風のものも含まれているかもしれません。すべての人間の内面の奥深くに潜む愛の衝動とその根源のエネルギーを、この「霊」に感じとれるようリードすることが大切です。

　聖書では「霊」「風」「息」は同じことば「プネウマ」です。神さまの内面からこの世界に吹き寄せる愛の涼風として捉えることができれば、聖霊は「インマヌエル」、すなわち「共におられる神」であるキリストが、さらに間近においでくださる姿としてイメージできるにちがいありません。

覚えましょう

54. 聖霊とは何ですか。

　＊聖霊とは神さまの愛の息吹です。三位一体の神さまの第三位であり、父である神さまと御子である神さまの、完全な一致と交わりを、この世界に満たします。

　　旧約聖書では、神さまの霊を息・魂・望みなどによって表現しています。天地創造以前に神さまの霊が広がっていました（創世記1・2）。泥で人を造ってから自分の息を吹き込まれました（創世記2・7）。神さまの霊が吹き込まれれば生気にあふれ、活気に満ちているが、神さまの息がなくなれば、すべては生命力をなくしてしまいます。

55. 聖霊はどんな賜物を与えますか。

　＊人それぞれに必要な賜物を与え、共同体に有益な奉仕ができるように、人々を照らし導きます。

第16課　愛と一致の三位一体

進行係：（参加者を歓迎して、十字架のしるしをしながら集いを始めます）。

2〜3人の方が、祈りで神さまをこの席に招いてくださいませんか。

Ａ．私たちの身の周りのことから

　私たちは一人で生きていくことはできません。互いに分かち合い、助け合いながら、信頼できる家族や友達を望んでいます。もっと進んで愛を分かち合い、互いを無条件に与え、受け入れる親密な共同体を切望しています。人々が築く共同体には、いろいろな姿があります。

1．進行係：下の写真を見ましょう。

2．進行係：(参加者たちに質問をする)。

　1）写真のように、人々が一緒に集まって共同体を築くとき、どんな点が良いかを
　　　互いに話し合ってみましょう。
　2）この人々は、どのようにして調和と一致を築いていると思いますか。

3．進行係：次の意見について、〇（賛成）、×（反対）、△（分からない）、？（疑問）、！（な
　　　るほど）のしるしを付け、その理由を出し合い、分かち合ってみましょう。

　□1）考えてみると、私たち人間のからだもいろいろ違った臓器がつながって助け
　　　　合っている。一人でいたとしても私たちの内部は共同体である。

　□2）共同体のつながりがさらに強くなると、いのちのつながりとなって、これを
　　　　生命体という。私たちはそんな強いつながりにあこがれている。

　□3）時には一人ぼっちになるのもいいものだ。

　□4）群衆の中で孤独を感じたことがある。

　□5）人間は互いに近づき過ぎると傷つけ合うし、離れると寂しいし、人と人のつ
　　　　ながりは難しい。完璧なつながり方はないものか。それはもしかしたら三位
　　　　一体なのかもしれない。

B．神さまのことば

　神さまは一体であられます。しかし、神さまは救いの歴史の中でご自分を父と子と聖霊
の三位として示されました。父と子と聖霊は愛の親しい交わりの中で一致しておられます。
　父である神さまは、愛にあふれ、世界を創造し、その愛のために子であるイエス・キ
リストを人間としてお遣わしになりました。
　聖霊は、今私たちの中にとどまり、神さまのみ心を告げ、導いておられます。

1．進行係：どなたか、マルコによる福音書1章9節から11節（イエスの洗礼）を読
　　　　んでくださいませんか。
　　　　——聖書を読む——

　　　　他の方が、もう一度読んでくださいませんか。
　　　　——聖書を読む——

2．進行係：今読んだ聖書の中で、心に響いた単語あるいは節を選んで、大きな声で祈
　　　　　るように、3回ずつ読んでくださいませんか。
　　　　　（同じ箇所を3回繰り返す間は、沈黙をお守りください）。

　1）1分ないし2分間沈黙し、神さまが私たちに語られるみことばに耳を傾けま
　　　しょう。
　2）あなたの心に響いたみことばは何でしたか。自分が選んだ単語あるいは節が、
　　　なぜ心に響いたかを互いに分かち合ってみましょう。

3．進行係：次の文章について意見を出し合い、話し合ってみましょう。

　1）キリスト教の神さまは三位一体なので、一神教ではない。
　2）洗礼式の時、「父と子と聖霊のみ名によってあなたに洗礼を授けます」と唱え
　　　る。これは「父と子と聖霊の交わりの中に入れる」という意味である。
　3）三位一体とは父と子のいのちの交わりが聖霊の風となって世界に吹き付ける、
　　　愛の嵐と言える。
　4）三位一体の神さまを捉えるには、理屈ではなく、実際に愛する以外にはない。
　5）「わたし」と「あなた」の関係が、他を排除して引きこもるのではなく、深ま
　　　り広がって「第三者」である周りにつながること、これが愛の基本形である。

参考聖書

ヨハネ	1・1-18	：みことばが人となる
ヨハネ	14・6-14	：道・真理・命
ヨハネ	14・23-26	：聖霊の約束
ヨハネ	17・9-26	：弟子たちのために祈る

Ｃ．さらにもう一歩

　私たちは、愛の共同体を築こうと切望しています。この切望は三位一体の神さまから来ます。神さまはこの愛の交わりに私たちを招いておられます。

　教会共同体は父と子と聖霊が互いに分かち合う愛と一致、そして親しい交わりをこの世に現します。

1．**進行係**：(参加者たちに質問をする)。

　　1）家族の中で愛を分かち合い、一致をつくるために私たちはどんな努力をしていますか。

　　2）他の人たちと一緒に働きながら一致をつくりだすために、障害になる要素は何ですか。

　　　どうすればその要素を克服することができますか。

2．**進行係**：三位一体を表す「栄唱」を唱え「十字架」のしるしをしながら、集いを終わりましょう。(176 頁)

進行係のためのメモ

　　神さまの内的生命の躍動が迫力を持って伝わるように努めます。三位一体は他人事ではなく自分の中の神さまの生命活動です。「違って、一つ」という神業に挑戦するとき、三位一体の神さまの姿がこの世界に現れ出てくることを学びたいものです。

　　共同体から生命体へと高める努力、これは愛の探求と重なるものです。愛とは一人ひとりがオンリーワンとして大事にされ、しかも一つにつながることです。愛は必ず三位一体の形をとることを学びたいと思います。「君は君、我は我也〈されど〉仲よき」（武者小路実篤）ということばがあります。この中で〈されど〉、つまり〈そうだけれども〉ではなく、〈されば〉、つまり〈そうだからこそ〉となれば三位一体の理想はいよいよ深まることになるでしょう。三位一体の愛の交流は世界を動かすエンジンであり、今実行している分かち合いの源流でもあることも押さえておきたいものです。

覚えましょう

56. 三位一体とは何ですか。
　　＊父と子と聖霊の神さまが唯一の神さまであるという意味で、「神さまは愛である」
　　　ということと同じです。

57. 神さまが三位一体であることを人間は悟ることができますか。
　　＊神さまが三位一体であることは、人間の知恵を越える真理ですから、これを悟る
　　　ことはできません。神さまが啓示されたものだから、人間はこれを信じ、愛を探
　　　し求めることによって少しずつその三位一体のいのちに取り込まれていくのです。

58. 三位一体は聖書のどこに出ていますか。
　　＊父と子と聖霊が唯一の神さまとして示されている聖書の句は次のとおりです。

1）イエスの誕生が予告される時：「聖霊があなたに降り、いと高き方の力があな
　　たを包む。だから、生まれる子は聖なる者、神の子と呼ばれる」（ルカ 1・35）。
2）イエスが洗礼を受けられる時：「聖霊が鳩のように目に見える姿でイエスの上
　　に降って来た。すると、「あなたはわたしの愛する子、わたしの心に適う者」
　　という声が、天から聞こえた（ルカ 3・21-22）。
3）イエスが弟子たちに福音宣教の使命をくださる時：「彼らに父と子と聖霊の名
　　によって洗礼を授け」（マタイ 28・19）。

4）受難がさし迫った時、イエスが弟子たちに話されたみことばで：「わたしが父のもとからあなたがたに遣わそうとしている弁護者、すなわち、父のもとから出る真理の霊が来るとき、その方がわたしについて証しをなさるはずである」（ヨハネ 15・26）。

　このように聖書には「三位一体」ということばは直接には書かれていませんが、父と子と聖霊が唯一のお方という神さまの姿が表現されています。

59. 三位一体の信仰は、典礼ではどう表現されますか。
　＊三位一体の信仰は、典礼では次のように表現されます。

1）洗礼：「わたしは、父と子と聖霊のみ名によって、あなたに洗礼を授けます」。
2）十字架のしるし：「父と子と聖霊のみ名によって。アーメン」。
3）ミサの始め：「主イエス・キリストの恵み、神の愛、聖霊の交わりが皆さんとともに」。
4）栄唱：「栄光は父と子と聖霊に。初めのように今もいつも世々に。アーメン」。

第17課　神の民、教会

　　進行係：（参加者を歓迎して、十字架のしるしをしながら集いを始めます）。

　　　　　　2〜3人の方が、祈りで神さまをこの席に招いてくださいませんか。

Ａ．私たちの身の周りのことから

1．進行係：下の写真を見ましょう。

2．進行係：（参加者たちに質問をする）。

　　1）教会は多様な共同体の姿で示されます。写真を見ながら教会の姿について、互
　　　　いに話し合ってみましょう。
　　2）「教会」ということばを聞くとき、あなたはどんなイメージが思い浮かびます
　　　　か。

3．進行係：次の意見について、○（賛成）、×（反対）、△（分からない）、？（疑問）、！（なるほど）のしるしを付け、その理由を出し合い、分かち合ってみましょう。

□１）「教会」という字を見れば「教える会」ということになるが、本来「学会」すなわち学び合う会であり、「協会」すなわちその文字が示すように十字架が力であることを知る会でもある。

□２）都会の教会と比較して、長崎の教会の敷居が高く感じられるのは、聖職者と信徒の違いを強調する位階制度が厳しいからである。

□３）カトリック教会は、マザー・テレサのような聖者を生み出すほどだからすばらしいと思うが、今の日本の教会は、ずいぶんイメージが違う。

□４）長い迫害の歴史を持つ日本のカトリックは今、世界遺産指定の動き（2015年現在）など、ようやく世界に広がるチャンスを迎えている。

B．神さまのことば

　教会とは、「神の民」を意味します。神さまが私たちに与えてくださった救いの約束は、キリストを通して実現されました（2コリント1・20）。「神の民（教会）」の頭はキリストであり（エフェソ1・22）、この「神の民」につながっている人は神さまの子供であり（ローマ8・15）、掟は愛の掟であり（ヨハネ13・34-35）、この民の目的は神さまの国の実現です（マタイ6・33）。

1．進行係：どなたか、コリントの信徒への手紙一1章1節から3節（神の聖なる民）を読んでくださいませんか。
　　　　——聖書を読む——

　　　　他の方が、もう一度読んでくださいませんか。
　　　　——聖書を読む——

２．進行係：次の聖書の箇所を一人ずつ順番に、祈るように読んでくださいませんか。
　　　　　　（同じ箇所を３回繰り返して読む間、他の人たちは沈黙を守る）。

　　　　　　「神のみ心によって召された」（３回）
　　　　　　「キリスト・イエスによって聖なる者になる」（３回）
　　　　　　「召されて聖なる者」（３回）
　　　　　　「恵みと平和」（３回）

　教会はキリストの体であり、万物を完成される方の計画が、その中で完全に達成されます（エフェソ１・23）。
　キリストの体である教会は、多くの部分を持っています。神さまは、その一つひとつが調和をなし、互いに助け合うことを望まれます。からだのすべてが有機的につながり、おのおの任せられた役割をよく果たす時、からだも健康で仕事も効果的にできるようになります。キリストの体である教会も同じです。

３．進行係：どなたか、コリントの信徒への手紙一 12 章 12 節から 27 節（キリストの体と肢体）を読んでくださいませんか。
　　　　　　——聖書を読む——

４．進行係：（参加者たちに質問する）。

　　１）使徒パウロは教会を「キリストの体」だと言っています。
　　　　その意味は何かを互いに話し合ってみましょう。

2）この聖書のことばに照らしてみるとき、望ましい教会の姿はどんな姿だと思いますか。

3）そのような教会になるために必要なことは何でしょうか。

4）もし仮にあなたが寝たきりになって何もできないとしたら、その時あなたの教会の中での役割は何でしょうか。

参考聖書

マタイ　　16・13-20　：ペトロの信仰告白
マタイ　　25・14-30　：タレントのたとえ
マタイ　　28・16-20　：弟子たちの使命
ル　カ　　10・1-9　　：72人の弟子の派遣
エフェソ　　4・11-16　：一致の呼びかけ

C．さらにもう一歩

　教会を建てた方はイエス・キリストであり、導く方は聖霊です。教会はイエス・キリストを通して現れた神さまの愛を絶え間なく世に知らせながら証しします。教会は自分のためでなく全人類のために、神さまの国の成長のために存在します。

1．進行係：（参加者たちに質問する）。

　1）私たちのこの共同体の集いが、キリストの体と同じ共同体になるために、私たちにできる活動はどのようなものがありますか。

　2）今出てきたいろいろな活動の中で、最も重要だと思われる活動の一つを選んで、具体的な実践案を話し合ってみましょう。

2．進行係：次の「神を信じる人の祈り（信徳唱）」を一緒にささげて、集いを終わりましょう。

　　　　救いの源である神よ、
　　　　　　わたしは、永遠の真理であるあなたが、
　　　　　　　主キリストとその教会を通して
　　　　　　　　教えてくださることすべてを信じます。
　　　　　　　　　　　　　　　　　　　アーメン。

　これまでヒエラルキア（位階制）を大事にするあまり、神の民すなわち全信徒のそれぞれの役割が見えにくくなっていたことは事実です。したがって、位階制の本当のあり方も隠されていたとも言えます。交わりつつ宣教する教会の本来への回帰を目指す必要があります。

　パウロの教会観はキリストの体体験（1 コリント 12 章）からきたものでした。これはそれぞれの役割を果たしながら一つである共同体としての教会体験でした。
　血のつながりが支配する家庭教会から始めて、神さまのいのちの共同体（生命体）を世界に広げる作業こそ宣教（福音化）活動です。

覚えましょう

60. 教会とは何ですか。
　＊教会とは、イエス・キリストとその代理者とともに、世界の福音化を目指す信者の団体です。

61. 教会は、またどのように呼ばれますか。
　＊教会は、また「神さまの新しい民」、「キリストの体」、「救いの秘跡」とも呼ばれます。

　教会を神さまの「新しい民」と呼ぶのは、信者は、神さまのみことばによって集められ、キリストによってあがなわれ、聖霊に導かれ、神さまに仕えながら、神さまの国を目指して旅する新約の民だからです。
　教会を「キリストの体」と呼ぶのは、信者はキリストを頭とする肢体で、それぞれの役割は違っても、キリストの同じ霊に生かされ、からだ全体の成長と活動のために互いに協力し合うものだからです。
　教会を「救いの秘跡」と呼ぶのは、主キリストは常に教会の内にとどまり、ご自分がお定めになった秘跡をもって、救いのみ業を続けておいでになり、また信者の聖なる生活も救いのしるしとなるからです。

62. キリストの教会には、どのような特徴と使命がありますか。
　＊キリストの教会には、一、聖、公、使徒継承の 4 つの特徴があります。
　また、イエス・キリストは使徒たちに、すべての人に福音を伝えて、ご自分の弟子を作り、これを養い、指導する使命をお与えになりました。

63. 小教区、聖堂、教会は、どう違いますか。

＊小教区、聖堂、教会を同じ意味で使うことがありますが、厳密な意味は次のとおりです。

1）**小教区**：地域社会の中で基礎的な教会共同体をなす単位教会のことを言います（例：浦上小教区）。司教から権限の委任を受けた司祭が常駐し、定められた管轄区域を司牧します。

2）**聖堂**：聖なる場所を意味し、ミサが挙行されて聖体の安置された建物を言います。聖堂の中に赤く点灯している聖櫃は、信者たちがミサの時に頂くイエスの聖なる体、すなわち聖体を安置する所です。

　病院や学校の中にある聖堂のように、聖堂があるからということだけで、小教区になることはありません。

3）**教会**：聖堂や小教区よりもっと広い意味で使用されます。教会はキリストに従い、その方に見習う「神の民」を意味します。教会を「キリストの体」であると言うように、キリストを中心に信徒、修道者、聖職者たちが集まった共同体がまさに教会です。

64. 教皇、司教、司祭、助祭とは、どんな人たちですか。

＊この人たちは聖職者と呼ばれ、神の民への奉仕を目的として叙階の秘跡を受けた人々です。その役割は、①福音を説き（教える任務・教職）、②祭儀を司式し（典礼を行う任務・祭司職）、③牧者として教会を治める（統治の任務・牧職）ことによって神の民に奉仕します。

1）**教皇**：使徒ペトロの後継者であり、全世界のカトリック教会の代表であり、世界司教団の最高位です。初代教皇は使徒ペトロであり、現在（2015年現在）の教皇（フランシスコ）は（266）代目の教皇です。教皇はたいてい枢機卿の中から選出されます。

2）**枢機卿**：教皇に次ぐ聖職者の地位として、個別的に各任務を遂行すると同時に教皇を補佐します。ただし、叙階による位ではありません。

3）**司教**：12使徒の地位を継承する使徒たちの後継者です。全世界の教会は司教を中心に信徒たちの共同体で構成されるので教区と言います。

　日本のカトリック教会は全部で16の教区から構成されています。

4）**司祭**：叙階の秘跡を受けた司祭たちは、司教の代理者として小教区で秘跡を執り行い、信徒たちと一緒に神の民の共同体を発展させていきます。

5）**助祭**：教会の奉仕職として助祭の叙階を受けた人々で、説教・洗礼・結婚・病人への聖体授与など司祭を補佐する職務を持っています。助祭は一般的に司祭職の準備段階として理解されていますが助祭は独自の位階の任務を持つ聖職位階です。

65. 修道者になるには、どうすればよいのですか。

*修道者への道は、神さまへの奉仕のために自分の一生を奉献する希望を持つことから始まります。

修道者になりたい人は、洗礼を受けてから一定期間が過ぎ、神さまのために一生を奉献しようとする純粋な意思を持っていなければなりません。また自分が所属する小教区の主任司祭の推薦がなければならず、未婚の人が原則です。修道会に入会すれば志願期、修練期、誓願期を経ながら教会と修道生活について学びます。修練期を経て修道者になるという決心が確かで、また修道生活に適うと判断されれば、一定期間だけ清貧・貞潔・従順を約束する有期誓願を宣立します。その後終生誓願を宣立します。終生誓願はその効力が一生の間及ぶ誓願です。

第18課　聖母マリア

進行係：（参加者を歓迎して、十字架のしるしをしながら集いを始めます）。

2～3人の方が、祈りで神さまをこの席に招いてくださいませんか。

A．私たちの身の周りのことから

　母親と子供の間には強い絆があります。子供は約九カ月間母親の胎内で栄養をもらって成長します。母親の呼吸で子供はいのちを保ち、母親の血液によって成長していきます。子供は本当にすばらしい贈り物です。

1．進行係：次の写真を見ましょう。

2．進行係：（参加者たちに質問する）。

1）聖母子像と普通の母子像を見て、どんな思いが湧いてきますか。

2）あなたが知っている子供について考えてみましょう。ご自分の子供でも、隣近所のお子さんでもかまいません。その子供たちは、大きくなっても、親に似ていますが、どんなところが似ていますか。さまざまな点について考えてみてください。
（一組対話で分かち合った後に、全体の集いで発表する）。

3）あなたご自身についてはいかがですか。かつてお父さんやお母さんが常々していたようなことを自分もしていませんか。いくつか思い当たる振る舞いなどを挙げてみてください。
（一組対話で分かち合った後に、全体の集いで発表する）。

3. 進行係：次の意見について、○（賛成）、×（反対）、△（分からない）、？（疑問）、！（なるほど）のしるしを付け、その理由を出し合い、分かち合ってみましょう。

□1）この世で最高の安らぎの場所は母の胎内である。だから人は、これをいのちの宮殿すなわち「子宮」と呼んでいる。

□2）神さまが創られたもののうち最高の傑作は母の心である。だから母の心は神さまの心を一番よく映し取っている（S・カンドウ師）。

□3）「ふるさと」や「母」ということばを聞くと、人は理屈を超えて全面的に安心してしまう。

□4）人間が神さまに気づく一番確実な近道は、母心に導かれることである。

□5）御子イエスを胸に抱いている聖母像の大部分は、左胸に抱いている。これは胎内にいる時に聞いた心臓の鼓動に触れて、子供が安らぐことを知っているからである。

B．神さまのことば

　私たちは、使徒信条を唱えて、神さまが私たちのためにしてくださったすばらしい行いの数々を宣言します。イエスについては、こう宣言します。「父のひとり子、わたしたちの主イエス・キリストを信じます。聖霊によってやどり、おとめマリアから生まれた」と。
　それでは、全能の神さまの子は、どのようにしてマリアの胎内で人となられたのでしょうか。それについて語る神さまのことばに耳を傾けましょう。

1. 進行係：どなたか、ルカによる福音書1章26節から38節（イエス誕生の予告）を読んでくださいませんか。
　　　　　――聖書を読む――

　　　　　他の方が、もう一度読んでくださいませんか。
　　　　　――聖書を読む――

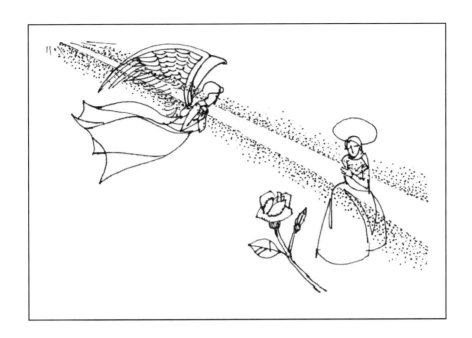

２．進行係：次の聖書の箇所を一人ずつ、祈るように読んでくださいませんか。
　　　　　（同じ箇所を３回繰り返して読む間、他の人たちは沈黙を守る）。

　　　　　「おとめの名はマリアといった」（３回）
　　　　　「おめでとう、恵まれた方」（３回）
　　　　　「聖霊があなたに降(くだ)る」（３回）
　　　　　「いと高き方の力があなたを包む」（３回）
　　　　　「生まれる子は聖なる者と呼ばれる」（３回）
　　　　　「お言葉どおり、この身に成りますように」（３回）

３．進行係：次の文章について、互いに感想を出し合い、話し合ってみましょう。

　１）マリアへのお告げの場面は創世記の世界創造の場面とよく似ています。
　　　①神の霊が深淵を覆っていた（創１・２）
　　　　　―「聖霊があなたを覆う」（ルカ１・35）
　　　②ことばがあった（創１・３）
　　　　　―「お言葉どおり、この身に成りますように」（ルカ１・38）
　　　③「光あれ」（創１・３）
　　　　　―「世の光イエスを宿すように」
　　　④世界への神さまの挨拶（創１・28）
　　　　　―「マリアへの天使の挨拶」（ルカ１・28）
　２）十字架の道行の第４留、ゴルゴタの丘への道で母マリアと御子イエスは万感の
　　　思いで出会う。母と子は一体となって救いの丘にのぼった。この母と子は十字

架の丘までではなく、そこを超えて復活そして昇天まで一緒だったのだ。

3）聖霊降臨の時、聖母マリアを中心にして集まっていた弟子たちの上に聖霊が降った。これは聖母マリアを通してキリストの体である教会を生み落とす聖霊の業である。

4）聖母信心は、神さまの強烈な父性と広く深い母性の絶妙のバランスを、私たちに教えてくれる。

参考聖書

ル カ　　1・39-45　：マリアがエリサベトを訪問
ル カ　　1・46-56　：マリアの賛歌
ヨハネ　　2・1-11　：カナの婚宴
ヨハネ　19・25-27　：イエスと母
使 徒　　1・13-14　：イエスの母マリアと一緒にいた

C．さらにもう一歩

1．**進行係**：（参加者たちに質問する）。

1）神さまが救いの歴史の中で、聖母マリアに託した思いをじっくりと味わい、整理してみましょう。
　①第一段階：神さまの霊が世界を覆う。
　　混沌とした闇を神さまの霊が覆い、その中から神さまの創造のことばが響きます。「光あれ」（創1・3）と。
　②第二段階：神さまの霊がマリアを覆う。
　　救いなき世界の片隅で神さまの霊が一人の女性を覆います。神さまの使いのことばが響いて、マリアは世界を代表して答えます。「お言葉どおり、この身に成りますように」と。世界を照らす、世の光・キリストの誕生です。
　③第三段階：神さまの霊が聖母マリアを中心とした教会を覆う（聖霊降臨）。
　　ここにキリストの体としての教会が創造されます。
　④新しいアダムとエバ：神さまの父性と母性
　　御子キリストと母マリアは新しいアダムとエバとして、世の終わりまで「インマヌエル」（マタイ1・23）、すなわち人々とともにおられ、救いは完成します。母マリアはゴルゴタの十字架の丘を越え、復活、昇天をも御子とともにし、世界の母性として、私たち人間を抱擁されます。これが聖母の被昇天です。
2）私たちの教会は父の厳しさ（父性）と同時に母のやさしさ（母性）を発揮できているか、話し合ってみましょう。

父性は変化を目指します。母性は一致を求めます。父性と母性のバランスのために、私たちの教会は、どんな良い面を持ち、どのような欠点があるか、話し合ってみましょう。

２．進行係：どなたでも、自由にお祈りをささげて集いを終わりましょう。

進行係のためのメモ

　　聖母は聖母マリアであると同時に人間のふるさとである母性も意味していると言えるでしょう。「父なる神さま」に厳しさのみを味わうことしかできない人もいるかもしれません。神さまの真の姿への案内人として聖母マリア信心は必要です。

　　この学びが教会の中の女性の役目に目覚めるきっかけになれば、これほど望ましいことはありません。司祭は神父と言われ、もしかすると父の厳しさの代表者となる傾向があるかもしれません。母性を前面に出すシスターは女性の役割が強調されてはじめて、父性と母性のバランスが生まれることを学びたいものです。

覚えましょう

66. カトリック教会では、なぜ聖母マリアを崇敬するのですか。
　　＊イエスをお生みになった母というだけでなく、信仰と愛の模範であり、世界の母性を表しているからです。

67. 「アヴェ・マリアの祈り」は、どんな祈りですか。
　　＊イエスをお生みになった母マリアにささげる祈りです。

　　アヴェ・マリアの祈りには二つの内容が含まれています。前半部は聖母を賛美する内容であり、後半部は聖母に助けをお願いする内容です。
１）アヴェ、マリア、恵みに満ちた方、主はあなたとともにおられます。あなたは女のうちで祝福され、ご胎内の御子イエスも祝福されています。：
　　　イエスの受胎を知らせる天使ガブリエルの挨拶と、洗礼者ヨハネの母エリサベトのお祝いの挨拶で構成されています。天使ガブリエルはマリアに「おめでとう、恵まれた方。主があなたと共におられる」（ルカ１・28）という挨拶をしてから、聖霊によりイエスを受胎するということばを伝えました。そして受

胎したマリアにエリサベトは、「あなたは女の中で祝福された方です。胎内の
お子さまも祝福されています」（ルカ1・42）とほめたたえました。この挨拶
のことばは、マリアが神さまと最も近く結ばれた女性であり、最も祝福された
女性であることを表すので、マリアを賛美する祈り文に取り入れられました。

2）神の母聖マリア、わたしたち罪びとのために、今も、死を迎える時も、お祈り
　ください。：

　　　イエスは神さまと同じ方なので、イエスをお生みになったマリアは「神の
　　母」でもあります。私たちは祈る時、母の助けを借りて、私たちと人々の救い
　　を祈り求めます。

68. 聖母マリアに関する教えの内容は、どんなことですか。
　　＊聖母は処女であり、神の母であり、原罪なく生まれ、被昇天された方という教え
　　　です。

69. 聖母に関連した祝日はいつですか。

月　　日	祝　　日	意　　味
1月 1日	神の母聖マリア	神さまの母として聖母を崇敬する日
3月25日	神のお告げ	イエスを宿すという天使のことばを通して神さまの意に従う聖母をたたえる日
5月31日	聖母の訪問	イエスを宿した聖母がエリサベトを訪問したことを記念する日
8月15日	聖母の被昇天	聖母の被昇天を記念する日
9月 8日	聖マリアの誕生	聖母の誕生を記念する日
9月15日	悲しみの聖母	聖母が受けとめた苦痛を考えながら、私たちの思いとことばと行いを振り返ってみる日
12月 8日	無原罪の聖マリア	原罪なく宿られた聖母を記念する日

第19課　洗礼の秘跡：神さまの新しい子供

進行係：（参加者を歓迎して、十字架のしるしをしながら集いを始めます）。

2～3人の方が、祈りで神さまをこの席に招いてくださいませんか。

A．私たちの身の周りのことから

1．進行係：

　次の文章はあるドラマの一場面で交わされたセリフです。自殺をはかって意識を失い、医者を志す主人公の必死の看病で息を吹き返した、身分の高い若き未亡人は主人公に向かって吐き捨てるように言います。

　「お前のおかげで助かったと言って涙の一滴も流すと思ったか。無礼にもほどがある。誰が助けてくれと頼んだ。生きたくなどなかった。お前はすべてを台無しにした。お前のせいで亡き夫の後も追えぬ。貞節のない女とうしろ指を指されながら、つまらぬ日々を送らねばならぬ。礼のことばを聞きに来たのであれば、さっさと帰るがよい」。
　「礼のことばを期待してお訪ねしたのではありません。患者に礼を言われたことなどありません。私はかつて馬医でした。馬や牛の病を治す馬医です。ですから当然礼のことばは言われません。馬など夜通し看病してやっても、元気を取り戻した途端、蹴飛ばしてきたりします。ですが、蹴られながらホッとするんです。『よーし、もう大丈夫！よかった！』。元気になった証拠ですからホッとします。若奥さまも大丈夫そうです」。
　「なに！　お前ごときが！」。
　「それと、元気になった獣は口ではなく目で語ってきます。『どうもありがとう！　死にたくはなかった！』。若奥さまの目も『わたしは生きたい！』と語っています。ですから薬を飲んでください。
　事情はよく存じませんが、旦那さまを亡くされたとか。若くして寡婦となるだけでも不幸です。それなのに後を追って死のうなんて。
　生きたいと思ってはいけないんですか。人間だったら生きたいと思って当然なのに、どうして生きたいと思う気持ちを恥じるんですか」。

（韓国ドラマ『馬医』の一場面より）

２．進行係：（参加者に以下の質問をする）。

　１）これらのセリフのやりとりで、印象に残ったことばがありますか。もしあったら聞かせてください。

　２）これらのセリフ全体で、このドラマの監督が言いたいことは何だと思いますか。

　３）自分の生涯のある日ある時、苦しい体験の中で、思わず「死にたい」ということばが口を突いて出たことがありますか。

　４）「人間は生きたいという気持ちを恥じてはならぬ」ということばに何を感じますか。

　５）口から出ることばとか考え方とは無関係に、「生きたい」といういのちの叫びを感じたことがありますか。それはどんな時でしたか。

３．進行係：「今、いのちがあなたを生きている」ということばがあります。感想を出し合ってみましょう。

　□１）この文章は間違っている。なぜなら私が私のいのちを生きているのだから。

　□２）本当にそう思う。いのちはこの私とは別次元の世界にあって、今、この時代に、この私という人間に宿っているのだ。

　□３）明確に存在するが、その実態は分からないいのちの背後には、これを生み出し支えている者がいる。

　□４）その他

B．神さまのことば

１．進行係：洗礼について述べるパウロのことばを味わってみましょう。どなたか、ローマの信徒への手紙６章３節から４節を読んでくださいませんか。
　　　　　──聖書を読む──

　　　　　他の方が、もう一度読んでくださいませんか。
　　　　　──聖書を読む──

２．進行係：今読んだ聖書のことばから印象に残ったことばを、３回繰り返して唱えてください。
　　　　　（同じことばを３回繰り返して唱える間、他の人たちは沈黙を守る）。

3．進行係：次の質問への答えを、皆で探してみましょう。

1）「キリストとともに死に、キリストとともに復活する」とはどういうことでしょうか。しばらく話し合ってみましょう 。
2）洗礼の時、戸籍上の名前とは別にもう一つの名前を頂きます。戸籍上の名前は生まれてから墓場までのいのちの名前だとすれば、もう一つの名前はどのいのちに付けられるのでしょうか。
3）もし私たち自身がキリストの復活の墓だと仮定して、パウロのことばを読むと、洗礼とはどのように表現できると思いますか。
4）「新しい」ということばは、聖書では、「キリストの」ということばに置き換えられます。すると新しいいのちとは何ですか。
5）イエス・キリストの洗礼の時、天から響いたという「これはわたしの愛する子、わたしの心に適う者」（マタイ3・17）ということばは受洗者にも当てはまると思いますか。

参考聖書

ヨハネ	3・1-7	：ニコデモとの対話
ガラテヤ	3・26-29	：洗礼でキリストに結ばれる
1ペトロ	3・21	：洗礼は良心で生きる誓い

C．さらにもう一歩

　私たちは、洗礼によってキリストを私たちの中に迎え、キリストのいのちの中で生きるようになります。洗礼は、「神さまの子供として生きていくために、キリストの中で生きていきます」という決意の表明です。洗礼によって人はもはやこの世に属するのではなくキリストに属し、キリストを主であると宣言するようになります（ローマ10・9参照）。洗礼を受けるためには、「主とともに生きていきます」という真の回心と決心が必要です。神さまの子供に生まれ変わる時、私たちはまことに自由になることができます。

1．進行係：この課の学びをまとめてみましょう。

1）洗礼はキリスト者になることだから、幼児洗礼ではなく、大人になってよく理解してから授けるほうがよい、と言われることがあります。この意見をどう思いますか。
2）前述の若き未亡人は「生きたくはなかった」と言いました。これに対して主人公は、「あなたの目は生きたいと言っている」と言いました。人間の中のキリ

ストのいのちの復活である洗礼も、人間は理屈ではなく本音では、みんな受け
たいと望んでいる。この意見をどう思いますか。

３）洗礼には水の洗礼、血の洗礼、そして望みの洗礼の３種類があります。水の洗
礼とは普通私たちが目にしている洗礼です。血の洗礼とは殉教のことです。望
みの洗礼とは実際に洗礼を受ける機会に恵まれなかったとしても、これを望ん
でいたことが分かれば、そのことで洗礼と見なすというものです。

２．進行係：さて、洗礼についてここまで学んできた今、洗礼を望まない人がいるのか
どうか、話し合ってみましょう。

３．進行係：自由なお祈りをささげて、集いを終わりましょう。

進行係のためのメモ

洗礼は秘跡であり、実際にはその人の存在が根本から変えられる驚天動地の
出来事ですが、表面上はささやかな「しるし」があるだけです。
そのしるしのもとに私たちの中で何が起こっているのか、パウロは新しいい
のちの復活が起こるのだと説明しています。私たち人間は、実はキリストを宿
す復活の墓であって、キリストは今か今かと復活の時を待っているのです。
すでに宿しているキリストを生み落とす作業こそ洗礼ということになります。
「父と子と聖霊のみ名によって」洗礼を受け、「父と子と聖霊のいのちの交わり
にとりこまれ」、御子イエスとともに子としてそのいのちを生きていくという
ことになります。

覚えましょう

70. 秘跡とは何ですか。
　＊秘跡とは、イエス・キリストによって制定され、教会に任せられた恵みを目に見
　　える形で与える特別のしるしです。

　　教会には七つの秘跡があり、これは信仰生活の重要な段階や時期に関係します。
　この七つの秘跡は洗礼、堅信、聖体、ゆるしの秘跡、叙階、結婚、病者の塗油です。

71. 準秘跡とは何ですか。
　＊教会がイエスの行為を見習って制定した、聖なるしるしです。

準秘跡の目的は、秘跡の効果を受ける準備をさせ、人生のさまざまな状況を聖化することです。準秘跡のうち、おもなものは「祝福」です。祝福は神さまのみ業と恵みへの賛美であると同時に、信者が神さまの恵みを福音の精神に従って用いるようにと願う、教会の取り次ぎでもあります。

72. 洗礼名はどのようにして決めますか。
　　＊好きな聖人、あるいは模範としたい聖人や聖書の中の人の名前などから選んで決めます。

73. 代父母の役割は何ですか。
　　＊代父母は霊的な父母として信仰生活を導く役割を持っています。

74. 幼児洗礼とは何ですか。
　　＊新たに生まれた赤ちゃんに洗礼を授けることです。

75. 緊急な時、信徒たちも洗礼を授けることができますか。
　　＊はい。誰でも、未受洗者であっても洗礼を授けることができます。

76. 教会籍とは何ですか。
　　＊洗礼を受けた人が教会に籍を登録することです。

　国民なら誰でも住民登録をして戸籍を持っているように、カトリック信徒は誰でも教会籍を持っています。教会籍は信徒たちの人的事項（生年月日、住所など）と洗礼、堅信、初聖体、結婚の秘跡などの信仰生活に関する事項などが記されています。入門者たちも洗礼を受ければ即時、教会籍を持つことになります。引っ越しをするとか長期間違う場所に滞在するときには、教会籍を近い教会に移さなければなりません。教会籍を移そうとするときは、所属している教会にある書類（転出証明書）に記入し、その書類を転出先の教会に自分で持っていくことが必要です。

第20課　堅信の秘跡：成熟した信仰

進行係：（参加者を歓迎して、十字架のしるしをしながら集いを始めます）。

　　　　2～3人の方が、祈りで神さまをこの席に招いてくださいませんか。

Ａ．私たちの身の周りのことから

1．進行係：どなたか、次の話を読んでくださいませんか。

　日雇い労働をして一人で生活してきた70歳代のおばあさんが、これまで苦しい生活の中で蓄えた時価5千万円相当の財産を、大学の奨学金に寄付したことで話題になっている。おばあさんは、行商と日雇い労働で生計を維持しながら、節約して大事に蓄えた自分の全財産である畑66坪、水田480坪、住宅27坪など時価が5千万円に達する財産を、家庭の事情のために勉強できない学生たちと優秀な人材養成に使ってほしいと大学に寄贈した。

　貧乏であったために勉強できなかったことが、生涯無念だったおばあさんは、「平素まずしい隣人に関心を持っていたおりに、生前もう少しやり甲斐がある仕事をしたかった」ことと「家庭の事情のために勉強できない学生たちと地域の優秀な人材のために、少しでも役に立つようにと思い、寄贈することにした」と言った。

　　　　　　　　　　　　　　　　　　　　　（2001年4月2日付『朝日新聞』記事）

2．進行係：（参加者に質問する）。

　　1）このおばあさんが持っていた無念さは何でしたか。
　　2）困難な状況にもかかわらず、他の人のために献身的に生きている人を知っていますか。お互いに話を交わしてみましょう。

3．進行係：次の意見について、○（賛成）、×（反対）、△（分からない）、？（疑問）、！（なるほど）のしるしを付け、その理由を出し合い、分かち合ってみましょう。

　　□1）「熟年」ということばがあるが、これは蓄えも十分できて、健康で、自分のことは自分でできる年齢に達したということである。

□2）人の世話にはならない、自分のことは自分でやると言う人は、まだ成熟していない。なぜなら、人は他の人の世話にならないことは永久に不可能だから。

□3）「あれはまだ、お坊ちゃんだ」と言われる人はよく、「自分は他の人の世話にはならない。自分のことは自分でやる」と言っている。

□4）「人」という字は支え合う形をしており、「人間」とは人と人の間と書く。支え合って間をうまく造れるようになると、人は坊っちゃんから大人へ成長することができる。

□5）洗礼によって神さまの子となった者は堅信によって神さまの前に大人となる。

B．神さまのことば

「堅信の秘跡」は、「洗礼の秘跡」を受けた信徒の信仰を、堅固にしてもっと成熟した信仰者（キリスト者）となるように、聖霊の恵みを授ける儀式です。この秘跡を通じて、私たちはキリストと教会にもっと一致し、教会活動に積極的に参加し、交わります。私たちは、成熟した信仰者として力を尽くして、救いと希望の福音をことばと行いで伝えます。

1．進行係：どなたか、ヨハネによる福音書20章19節から22節（イエス、弟子たちに現れる）を読んでくださいませんか。
　　　　　——聖書を読む——

　　　　　他の方が、もう一度読んでくださいませんか。
　　　　　——聖書を読む——

2．進行係：次の聖書のことばを一人ずつ、祈るように読んでくださいませんか。
　　　　　（同じことばを3回繰り返して読む間、他の人は沈黙します）。

　　　　　「家の戸に鍵を掛けていた」（3回）
　　　　　「真ん中に立ち」（3回）
　　　　　「あなたがたを遣わす」（3回）
　　　　　「聖霊を受けなさい」（3回）

３．進行係：(参加者たちに質問する)。

　　１) イエス・キリストの復活の後、弟子たちは家の戸の鍵を掛けて引きこもってい
　　　　ました。弟子たち自身はまだ、復活体験をしてはいなかったようです。どうし
　　　　たら復活体験ができると思いますか。
　　２) 弟子たちの復活とは具体的にどんなことでしょうか。上の聖書のことばをヒン
　　　　トにして考えてみましょう。
　　３) 洗礼とは、イエス・キリストとともに復活することでした（122頁「進行係の
　　　　ためのメモ」参照）。
　　　　では堅信とは、どういうことだと思いますか。

４．進行係：どなたか、使徒言行録8章14節から16節を読んでくださいませんか。
　　　　　　──聖書を読む──

　　　　他の方が、もう一度読んでくださいませんか。
　　　　　　──聖書を読む──

５．進行係：次の質問への答えを皆で探してみましょう。

　　１) ペトロとヨハネは、すでに洗礼を受けていたサマリアの人々のために何をしま
　　　　したか。

２）これは何を意味していましたか。

３）ここまで学んできたことを整理すると、以下のようになります。
イエス・キリストの復活にあずかる──洗礼
聖霊を受ける（聖霊降臨）　　　　──堅信

　　弟子たちは復活と聖霊降臨という二段階の体験をして、引きこもりから解放され、派遣された者へと変えられていきました。私たちも洗礼と堅信という二段階の秘跡を受けて成熟した信仰を持つようになります。このまとめをヒントにすると、結局、堅信とは何でしょうか。

４）信仰の成熟とは、改めて考えるとどんなことを言うのでしょうか。

参考聖書

マタイ　16・24-27　：イエスに従う道

ヨハネ　　7・37-39　：生きた水の流れ

ヨハネ　14・15-17　：聖霊を与える約束

使　徒　　1・5-8　：聖霊があなたがたに来られれば、あなたがたは私の証人となるだろう

イザヤ　11・1-9　：平和の王

C. さらにもう一歩

　「堅信の秘跡」を通して、私たちは父なる神さまとの関係がもっと深まり、キリストともっと強く一致するようになります。同時に他の人との関わりも深まるように、聖霊が力強い信仰と勇気、神さまの子として生きていく深い知恵と洞察力を与えて、私たちにまかれたその信仰の種が実を結ぶように導かれます。このように特別な恵みを受ける信者たちは、教会に奉仕し、この世にキリストを伝える使命を受けます。

１．進行係：(参加者たちに質問する)。

　　１）日ごろ実践している祈りの集いへの参加、黙想、聖書朗読、奉仕活動などを成熟したものにするには、どうしたらよいか話し合ってみましょう。

　　２）私たちは堅信を受けて世界に派遣されるのですが、その派遣とは、結局どんなことでしょうか。

２．進行係：自由なお祈りをささげながら、集いを終わりましょう。

　復活と聖霊降臨の２段階でイエス・キリストの救いの業は成し遂げられます。弟子たち（教会）も復活に出会い、息を吹き返しましたが、まだそのいのちは成熟したものではありませんでした。復活のキリストが彼らの真ん中に来られて聖霊を与えられて、ようやくそのいのちが完成しました。

　信者も洗礼によって復活し、堅信によって聖霊を受けて、神さまの前に大人となります。大人とは、一人では生きていけないことを自覚し、人々とともに共同して神さまのいのちを育む者のことです。

覚えましょう

77. なぜ、「堅信の秘跡」を受けなければなりませんか。
　＊洗礼を受けた信徒が、聖霊の特別な恵みを受けて、堅固な信仰者として霊的に生まれ変わった人になるためです。

78. 聖霊の七つの賜物とは何ですか。
　＊「堅信の秘跡」を通して、信徒たちは聖霊の恵みを受けますが、これを聖霊の七つの賜物と言います。

　聖霊によって私たちは、ますます信仰を強め、キリスト者として力強く独り立ちできるよう恵みを頂きます。聖霊の七つの賜物は以下のとおりです。

１）上智：神さまをこの上なく愛し、この世から天上の幸いを味わうことができる恵みです。
２）聡明（そうめい）：救いの真理を悟ることができる恵みです。
３）賢慮：救いを得るために必要なことを常に選ぶことができる恵みです。
４）勇気：救いを得るために妨げとなるものに打ち勝つことができる恵みです。
５）知識：この世の事柄の善悪を正しく判断できる恵みです。
６）考愛：神さまを慈愛深い父と思って、そのみ旨に適うように努める恵みです。
７）敬畏：神さまを最上の主とあがめ、うやうやしく仕える恵みです。

第21課　聖体の秘跡：いのちの拝領と奉献

進行係：（参加者を歓迎して、十字架のしるしをしながら集いを始めます）。

　　　　２〜３人の方が、祈りで神さまをこの席に招いてくださいませんか。

Ａ．私たちの身の周りのことから

１．進行係：どなたか、次の話を読んでくださいませんか。

「目」をささげた明るい話題

　光の喜びを知らない盲人へ、この世の光を通し、また「天国をも見られる信仰の光を」と、生前から指導司祭に依頼し、このほど帰天した奇特な信徒が話題になっています。

　井場寿夫さんは兵庫県尼崎市の工場で働くうち結核に罹（かか）った。そして西宮市上ヶ原十番町にあるクリスト・ロア病院に入院、一年後受洗し、神の恵みに浴するようになり、病苦の中でその信仰を守りつづけ、去る二月一日、四十三年の生涯を閉じて帰天した。

　井場さんは病床の苦しみの中での真の慰めは、神からいただいた信仰の光の中にあることを知った。そしてその感謝を表すため、何かをささげたい、病床でできること、それは「信仰の光」を見ることのできた自分の目を、誰かのために役に立てたいと決心したのだった。
　これを三年前、指導司祭に霊的遺言をし、その日の来るのを待っていたが、臨終の時も堅いその意志は変わらず、遺言を実行するよう依頼して逝ったのである。

　クリスト・ロア病院付司祭マック・ヴィトオレ師が、以上の話を伝えてきた人だが、付け加えて次のように言っている。

　「井場さんの目は、アイ・バンクを通じて、今誰かに光を与えているでしょう。どうぞその人が井場さんの望んだように、地上の光だけでなく信仰の光による『永遠の心の光』をも受けられるように、私は心から望んでいます」と。

　　　　　　　　　　（昭和41年2月27日付　カトリック新聞「天国の光を盲人へ」より）

2．進行係：(参加者に質問する)。

1）自分の目を他の人に提供した井場寿夫さんの内面を動かしたものは何かについて、話し合ってみましょう。
2）自分の臓器を他の人に与えることについて、どのような考えをお持ちですか。

3．進行係：次の意見について、○(賛成)、×(反対)、△(分からない)、?(疑問)、!(なるほど) のしるしを付け、その理由を出し合い、分かち合ってみましょう。

☐1）十字架は古代ローマ時代の処刑の方法の一つであり、人のいのちを奪う方法だった。イエスはこれを逆転させて、いのちの奉献、つまりいのちをささげる方法に変えてしまわれたのである。

☐2）修道者は誓願式を受けて、イエスに倣い、自分の生涯を奉献する。つまり、いのちの奉献である。それだけではなく、イエス・キリストのいのちを頂戴する。いのちの拝領であり、聖体拝領である。

☐3）極道の極意は、「いのち預けます」(いのちの奉献) と「おいのち頂戴します」(いのちの拝領) から成っている。これはキリスト道に置き換えれば、聖体拝領と聖体奉献と同じである。

☐4）受洗者以外の方々に聖体拝領を遠慮してもらうのは、この方々はまだ、キリスト道の極意である、イエス・キリストとの兄弟分の杯 (洗礼) を交わしていないからである。

B．神さまのことば

人々のために全生涯を生きたイエスは、父なる神さまのお考えどおりご自身をささげました。十字架の上で亡くなったイエスの奉献により、神さまの子らは救いを得ました。ミサのたびに私たちは十字架上で私たちのために命をささげてくださったイエスの尊い愛を記念し、その愛を受け取り、これを他の人々にささげる準備をします。

1．進行係：どなたか、マルコによる福音書 14 章 22 節から 26 節 (最後の晩餐) を読んでくださいませんか。
　　　　——聖書を読む——

　　　　他の方が、もう一度読んでくださいませんか。
　　　　——聖書を読む——

２．進行係：今読んだ聖書の中で心に響いた単語や句を選んで、大きな声で、祈るように３回ずつ唱えてください。その間は沈黙を守ってください。

　１）１分ないし２分間沈黙し、神さまが私たちに話しかけられることに耳を傾けましょう。
　２）あなたにとって、心に響いたことばは何でしたか。自分が選んだ単語や句が、なぜ心に響いたか、お互いに分かち合ってみましょう。

　イスラエル人たちは昔、エジプトから脱出して砂漠を通った時、食べ物として「マンナ」を神さまから頂きました。これを受けてイスラエル人たちは、無事エジプトからの脱出を成し遂げ、奴隷の状態から解放されたのです。

３．進行係：次の聖書の箇所を読み、下記の質問に対する答えを探し合いましょう。

　「わたしは命のパンである。あなたたちの先祖は荒れ野でマンナを食べたが、死んでしまった。しかし、これは、天から降って来たパンであり、これを食べる者は死なない。わたしは、天から降って来た生きたパンである。このパンを食べるならば、その人は永遠に生きる。わたしが与えるパンとは、世を生かすためのわたしの肉のことである」（ヨハネ 6・48-51）。

　１）「マンナ」は聖体のパンの前触れとなったものですが、私たちは新しいマンナ、すなわち「聖体」を受けてどこから脱出し、どこへ解放されていくのでしょうか。

2）「食べる」ということばは「賜る」から来ていると言われます。聖体のパンを頂く時、実際には何を賜るのでしょうか。

3）物を食べると、食べられた物が食べた者のからだに変化します。イエスをパンの形で食べる場合は、どうなるのでしょうか。

4）私たちは聖体を受ける「聖体拝領」ということばを知っています。それでは、賜ったいのちをささげる「聖体奉献」は必要ないのでしょうか。

参考聖書

マタイ	26・26-29	：主の晩餐
ヨハネ	6・26-59	：イエスはいのちのパン
ヨハネ	13・1-20	：弟子たちの足を洗う
1 ヨハネ	3・11-16	：互いに愛し合いなさい

C. さらにもう一歩

　教会は主のことばに従って聖体祭儀を行います。聖体祭儀のことをミサと言います。ミサはキリスト者の信仰生活の源泉であり頂点です。ミサにあずかる私たちは、私たちに体と血を与えてくださったキリストに倣い、他の人々のために自分自身を完全に空っぽにできる姿勢（聖体奉献）を学びます。

　ミサで、ともに聖体を分かち合った者は自然に、家庭や職場、私たちの身の周りからすべての場所で、他の人々とともにパンを分け合うようになります。

1．進行係：（参加者に質問する）。

　1）周囲の人々を助けるために自分を人知れずささげている人を知っていますか。その人について話してみましょう。

　2）他の人々のために奉仕できることは何か、話し合ってみましょう。

2．進行係：冒頭の「天国の光を盲人へ」の話に戻り、聖体拝領と同時に聖体奉献をしてイエスとの一致を完成させた井場さんについて、もう一度分かち合ってみましょう。

3．進行係：自由なお祈りをささげて、集いを終わりましょう。

進行係のためのメモ

　イエス・キリストを心に受けるということを越えて、食べ物として食べるということの意味を考えます。イエス・キリストを血とし肉とするとは、完全に一体となり、私たちの中に神さまの愛の火を点火することです。

　食べるとは賜ること、すなわちいのちの拝領であり聖体拝領です。いのちを拝領した者は、いのちの奉献すなわち聖体奉献に向かいます。マザー・テレサの祭壇から受ける聖体拝領と町の中の貧しい人の中のイエスを拝領する、いわゆる「2つの聖体拝領」は、この一対となったいのちの拝領と奉献を表しています。

覚えましょう

79. 聖体拝領の準備は、どのようにしますか。
    ＊「洗礼の秘跡」を受けた信者は聖体を拝領することができますが、「ゆるしの秘跡」を受けて大罪のない状態（恵みの状態）に自分を保ちます。そして拝領と奉献の心構えを持つよう心の準備をします。

80. 聖体を、どのように拝領しますか。
    ＊左手を上にして聖体を頂き、右手で取って頂きます（右利きの場合）。

    　聖体を拝領する方法には大きく二つあります。一つは聖体と御血を一緒に頂く両形態の聖体拝領であり、他の方法は聖体だけ頂く単形態の聖体拝領です。両形態の聖体拝領は特別な場合だけで、普通単形態聖体拝領をします。単形態聖体拝領の場合は信徒たちの手や口、どちらでも聖体を受けることができます。手で聖体を受ける場合、利き手でないほうの手を上に、利き手を下に置きます。そして聖体が落ちないように気をつけて利き手でないほうの手で聖体を受けて、利き手で取って頂きます。

81. 聖体訪問は、どのようにしますか。
    ＊聖体の中に現存するイエスを訪問し、挨拶し、黙想し、対話を交わします。

82. 「聖体の秘跡」は何度でも受けていいですか。
    ＊「聖体の秘跡」、「ゆるしの秘跡」、「病者の塗油の秘跡」は、全信者が与えられた使命を果たすため、繰り返して受けることができます。

83. ミサ献金と教会費は違うものですか。

＊違います。ミサ献金はミサ中に神さまに奉献するものであり、教会費は毎月一定
　額を教会に納めるものです。

　私たちが日曜日のミサの時にミサ献金をささげることは、私たちに下さったすべ
てのものは本来神さまに属するものであり、神さまのものを神さまに再びお返しす
るということを象徴的に表します。またミサ献金とは別に教会の維持と運営に必要
な費用（教会学校運営費、宣教活動費、教育費、など）に充てるため教会費を納め
ます。

84. ミサ奉納金とは何ですか。

＊信徒たちが特別な意向をそえてミサをささげていただくよう司祭に依頼するとき
　の奉納金です。

　初代教会の頃、信徒たちはミサの供え物で使われるパンとぶどう酒を各自家から
持って来たし、ミサ聖祭で使って残ったものは聖職者の生活と貧しい隣人を助ける
のに使いました。そのようにしているうちにミサの供え物はパンとぶどう酒の代わ
りにお金や他のものにおきかえられました。個人の特別な意向を受けてミサを奉献
しはじめたのは、11世紀になってからです。教会法によると、万一特別な意向を
持ってミサを奉納することを望む貧しい信徒たちがいる場合に、ミサ奉納金なしで
もミサを奉納するように司祭たちに勧告しています（『カトリック新教会法典』945
〜958参照）。ミサ奉納金の金額は一般的に教区や小教区の慣習に従います。なお、
ミサ奉納金は全額、小教区会計（献金会計）に繰り入れられます。

第22課　ゆるしの秘跡：ゆるしと和解

進行係：（参加者を歓迎して、十字架のしるしをしながら集いを始めます）。

2～3人の方が、祈りで神さまをこの席に招いてくださいませんか。

Ａ．私たちの身の周りのことから

　私たちは、洗礼の秘跡で私たちのすべての罪がゆるされていることを信じています。しかし、洗礼の秘跡を受けた後にも、私たちはしばしば過ちに陥り、罪を犯して生きていきます。私たちは、このような罪を「ゆるしの秘跡」を通じてゆるしていただきます。私たちの過ちを心から悔やんで、神さまに罪を告白してゆるしを受けます。「ゆるしの秘跡」を通じて、私たちは神さまと和解し、隣人と和解しながら喜びと平和の人生を再び生きていくことができます。

1．進行係：下の写真を見ましょう。

２．進行係：(参加者に質問する)。

　　１）これらの写真の中に何を見ることができますか。
　　２）これだけはゆるせないという体験をしたことがありますか。
　　３）あなたはこれまでの人生でゆるしを受けたとか、ゆるしてみた経験があります
　　　　か。(一組対話を交わしてから全体の集いで発表する)。

３．進行係：次の意見について、○(賛成)、×(反対)、△(分からない)、？(疑問)、！(な
　　　　　　るほど) のしるしを付け、その理由を出し合い、分かち合ってみましょう。

　　□１）「ゆるしの秘跡」は形だけを見れば、自動販売機のようだ。いくらかの罪を、
　　　　　ちょうどコインを入れるように告白すると、それに相当するゆるしと償いが
　　　　　出てくる。

　　□２）自分の罪の大きさと神さまのゆるしの無限の大きさとを、横並びにして比較
　　　　　することはできない。

　　□３）「ゆるしの秘跡」は罪のゆるしを与えて、元の状態に戻すのではなく、イエ
　　　　　ス・キリストの行為、すなわち死と復活を実現するものであり、新しい人間
　　　　　に変えていくものである。

　　□４）「ゆるしの秘跡」はゆるされるだけではなく、他の人をゆるすように人々を
　　　　　派遣する。

B．神さまのことば

　私たちは、時には過ちを犯すとか、神さまから離れて生活するときがあります。神さ
まはこのような私たちが、ご自分のもとに帰ってくるのをいつも待っておられます。神
さまはご自分の子供たちが、過ちを心から悔やみ、ご自分の愛と恵みのうちにとどまる
ことを望んでいます。教会は「ゆるしの秘跡」を通して、神さまのゆるしと慈しみを宣
言し、聖化の道に進んでいくように招きます。

１．進行係：どなたか、ルカによる福音書７章36節から50節 (罪深い女をゆるす) を
　　　　　　読んでくださいませんか。
　　　　　　――聖書を読む――

　　　　　　他の方が、同じ箇所をもう一度読んでくださいませんか。
　　　　　　――聖書を読む――

2．進行係：次の聖書のことばを一人ずつ、祈るように読んでくださいませんか。
（同じことばを3回繰り返して読む間、他の人は沈黙をする）。

「後ろからイエスの足元に近寄り」（3回）
「わたしに示した愛の大きさ」（3回）
「罪を赦された」（3回）
「安心して行きなさい」（3回）

3．進行係：（参加者たちに質問する）。

1）上の聖書の絵を見ながら感じた点を話し合ってみましょう。
2）この女の人は部屋に入ってきたとき、すでにゆるされていたのですか。それとも後でゆるされたのですか。

4．進行係：次の意見について感想を出し合い、話し合ってみましょう。

1）この女の人のイエスに対して行った行為は、ちょっと気味が悪いくらいだ。何もこんなことまでしなくていいのに。
2）彼女の行動は分かるような気がする。人は人を愛し始めると、バカというよりおバカさんになって、常識を超える行動をとることがある。だからこれは、愛を知った者、ゆるされた者の行為なのだ。
3）食事中の他の人々は、この女の人のこの罪あの罪を見ていたが、神さまの想像を絶する大きなゆるしは見てはいなかったのだ。

4）「月影」とは月の光のこと。「星影」とは星の光のこと。影を光と見た感覚で罪を捉えれば、罪は影であっても、神さまのまばゆいばかりの愛とゆるしの光と表裏一体である。いやむしろ、ゆるしの光の中で影である罪を発見し、その光の中でくつろぐのだ。

5）「この人が多くの罪を赦されたことは、わたしに示した愛の大きさで分かる」（ルカ7・47）。これほどの愛を身に付けているということは、多くの罪がゆるされているという何よりの証拠だ。ゆるしとはこのように、見えない抽象的なものではなく、この目で見ることのできるものなのだ。

参考聖書

マタイ　18・21-22 ：七回ゆるせ
マタイ　18・23-35 ：仲間をゆるさない家来のたとえ
ル　カ　6・31-36 ：敵を愛しなさい
ル　カ　15・1-7 ：「見失った羊」のたとえ

C．さらにもう一歩

1．進行係：私たちが日ごろ唱えている「主の祈り」のことばを一緒に考え、次の意見を手掛かりに神さまのゆるしをどれほど身に付けているか、話し合ってみましょう。

1）「私たちの罪をおゆるしください。私たちも人をゆるします」。このことばは人をゆるすようになって初めて、ゆるされたと言えることを示している。
2）「ゆるしの秘跡」は文字通り「ゆるし」の秘跡であって、「ゆるされ」の秘跡ではない。
3）ゆるしへの派遣こそ「ゆるしの秘跡」の神髄である。
4）罪のゆるしについて考える時、よく陥る間違いは、神さまのゆるしの大きさと自分の罪の大きさを横並びで比較することである。この両者の間には無限の隔たりがある。この世界は神さまのゆるしに満ち満ちていることを理解したいものである。

2．進行係：自由なお祈りをささげながら、集いを終わりましょう。

進行係のためのメモ

「ゆるしの秘跡」は罪の汚れをぬぐいとって、元の姿に戻す作業ではない。つまり失った状態をとり戻して、プラス・マイナス・ゼロにすることではありません。

新しいいのちへの復活です。自分がゆるされると同時に、そのゆるしと解放の喜びを世界に伝えるために派遣されるというこの秘跡の本質を捉えたいものです。

「ゆるしの秘跡」は聴罪司祭と一人の信徒の間でなされる密（ひそ）かな行為に見えますが、これはイエス・キリストの行為すなわち秘跡ですから、全世界を相手どって行われるものです。この密かな行為が全世界に影響を与えるのです。

秘跡の救いの業としての視点を学びたいものです。ゆるしとは罪が消されるというより神さまのゆるしの圧倒的な迫力に触れることです。とっくにゆるされているからこそ、そのゆるしの光の中で自分の罪を逆に知ることになるのです。

覚えましょう

85. 「ゆるしの秘跡」とは何ですか。
   ＊「ゆるしの秘跡」とは、洗礼以後に犯した罪を、教会の司祭を通してゆるし、さらにゆるしへと派遣するためにイエス・キリストが制定された秘跡で、神さまの無限のゆるしに触れることです。

86. 司祭はなぜ、私たちの罪をゆるすことができますか。
   ＊キリストの権能を受け継いだ代理者として司教と司祭は、私たちの罪をゆるすことができます。

87. 「ゆるしの秘跡」を受けるには、どんなことが必要ですか。
   ＊良心の糾明、痛悔、決心、告白、償いが必要です。

88. いつ、大罪を告白しなければなりませんか。
   ＊すべての信者は、善悪の分別のつく年齢に至った後は、少なくとも年に1回、聖体拝領をする前に、犯した大罪を告白する義務があります。

89. 免償とは何ですか。
   ＊ゆるされた罪に対する有限の罰を免除することです。

第23課　結婚の秘跡：愛と信頼

進行係：（参加者を歓迎して、十字架のしるしをしながら集いを始めます）。

2〜3人の方が、祈りで神さまをこの席に招いてくださいませんか。

Ａ．私たちの身の周りのことから

1．進行係：下の写真を見ましょう。

2．進行係：（参加者に質問する）。

1）写真を見ながら結婚と家庭について話し合ってみましょう。
2）家族の間でお互いに分かち合うことや理解不足から、円満な家庭生活が難しかったことについて話し合ってみましょう。
（一組対話を交わしてから全体の集いで発表する）。

3．進行係：次の意見について、○（賛成）、×（反対）、△（分からない）、？（疑問）、！（なるほど）のしるしを付け、その理由を出し合い、分かち合ってみましょう。

□１）結婚生活は明るく幸せであり、独身生活は暗く不幸である。

□２）シスターは結婚していないが、「キリストの花嫁」と言われるので、実際は結婚しているのである。

□３）人間となった神さまであるイエス・キリストは、神性と人性が結合したお方であるので、人間と神さまのいわば結婚した姿を現している。

□４）シスターもカトリック司祭も既婚者も、すべての信徒はこのキリストの結婚を生きるのであり、広い意味でみんな結婚していることになる。

□５）この世界のすべての結婚は、このキリストの結婚につながるべきである。

B．神さまのことば

　神さまは愛そのものであり、ご自分の似姿として、男と女を創造し、彼らを愛してくださいました。そして男と女が結ばれ、一体となり、神さまのかたどりとしての証しとなるように、祝福してくださいました。

1．進行係：どなたか、創世記２章18節から25節（アダムとエバ）を読んでくださいませんか。
　　　　　──聖書を読む──

　　　　　他の方が、もう一度読んでくださいませんか。
　　　　　──聖書を読む──

2．進行係：次の聖書のことばを一人ずつ、祈るように読んでくださいませんか。
　　　　　（同じことばを 3 回繰り返して読む間、他の人は沈黙する）。

　　　　「助ける者を造ろう」（3 回）
　　　　「ついに、これこそ」（3 回）
　　　　「結ばれた二人は一体となる」（3 回）
　　　　「恥ずかしがりはしなかった」（3 回）

3．進行係：（参加者たちに質問する）。

　1）神さまによって結ばれたアダムとエバは、互いをどのように受け入れましたか。
　2）聖書の絵と下の聖書の句をお互いに結び合わせて自由に話し合ってみましょう。
　　・神さまは御自分にかたどって人を創造された（創世記 1・27）。
　　・夫たちよ、キリストが教会を愛し、教会のために御自分をお与えになったよ
　　　うに、妻を愛しなさい（エフェソ 5・25）。
　　・神さまが結び合わせてくださったものを、人は離してはならない（マタイ
　　　19・6）。

参考聖書

　マタイ　　　19・5-6　：二人ではなく一体である
　マルコ　　　10・1-12　：結婚と離婚
　1 コリント　7・3-7　：結婚問題

C．さらにもう一歩

　結婚の秘跡は、洗礼を受けた二人の人間的な愛とともに、二人の結びを祝福される神さまの愛によって成立します。結婚のとき二人は自由な心で結婚することを宣言し、一生お互いに愛と尊敬と忠実を守って、神さまから与えられる子供を愛のうちに受け入れ、キリストと教会の教えに従って子供を育てることを誓います。

1．進行係：(参加者たちに質問する)。

　1）離婚が珍しくない状態となりつつある現代、その主な原因は何か話し合ってみましょう。
　2）幸福な家庭をつくっていくために、私たちがすることのできることを話して実践してみましょう。
　3）「性格の違い」は離婚の理由になるでしょうか。
　4）「結婚する前は両方の目で、結婚したら片方の目で相手を見よ」とは、どういう意味だと思いますか。
　　　①結婚をしたら相手の欠点がよく見えるようになるので片目をつぶって見ないようにしなさい。
　　　②片方の目をつぶって銃で標的をねらうように、いよいよ相手をよく見つめなさい。
　　　③その他。

2．進行係：自由な祈りをささげながら、集いを終わりましょう。

進行係のためのメモ

　男と女とは違うものの象徴でもあります。その違うものが違いを大事にして一つになること、これが神さまの姿（神さまのかたどり）をこの世に証しする最も偉大なしるしとなります。結婚の秘跡のもつ神さまを証しする力について学びたいものです。
　性格が違うということは、時に理解し合うために妨げとなる場合があります。しかし、それはこの世界にある種類の違うあらゆる木や草、動物のように、違うからこそこの世界を美しくし、ともに生きる力を生み出すものでもあります。
　三位一体の三位という違いがあるからこそ一体であるように、それぞれ違った人格をもつからこそ一体となることができます。お互いをこの世界に一人しかいない唯一の人間として認め合う訓練の場こそ、結婚生活であり、神さまの似姿としての人間の務めです。

覚えましょう

90. 「結婚の秘跡」とは、どんな秘跡ですか。
  ＊信徒の男女が一生の縁を結び、夫婦がその務めをよく果たせるように神さまの恵みを与え、神さまと人間のいわば結婚であるイエス・キリストのいのちにあずかる者とする秘跡です。

91. 「結婚の秘跡」を受けるためには、先に洗礼を受けなければなりませんか。
  ＊洗礼を受けていない人とは、正当な理由があり、定められた条件が備われば、混宗婚、異宗婚も許可されます。

  混宗婚、異宗婚においては、以下のことを約束し合います。
  １）カトリックの信徒が、
    ①カトリックの信仰を常に忠実に守ること。
    ②生まれてくるすべての子供が、カトリック教会で洗礼を受け、信仰教育を受けられるようにできるだけ努力すること。
  ２）上の二つの約束を相手に知らせること。

  そして、すでに結婚している人は洗礼と同時に、その結婚が教会で秘跡として認定されます。

92. 「結婚の秘跡」を受けても、離婚することはゆるされますか。
  ＊カトリック教会の中で「結婚の秘跡」で結ばれた夫婦の離婚はゆるされません。

93. 人工避妊や人工妊娠中絶をしてもいいですか。
  ＊してはなりません。

  胎児を含めてすべての人は神さまの原形である人格を持っています。そこは神さまとその人だけの密室であり、何者もここに介入することはできません。これが一人ひとりのいのちの尊厳の根拠です。
  自然な家族計画のみ生まれでるいのちへの尊厳を守るものとして勧められますが、その他のことは、その人の人格への不法介入となります。

第 24 課　叙階の秘跡：仕えるために

　　進行係：（参加者を歓迎して、十字架のしるしをしながら集いを始めます）。

　　　　2～3人の方が、祈りで神さまをこの席に招いてくださいませんか。

Ａ．私たちの身の周りのことから

　イエスは多くの人々の中から特別に12名を自分の使徒として選び、教会全体のための奉仕職を任せられました。この特別な奉仕職は後継者の司教たちに継承され、司教たちは司教を助ける人々を選抜して、司祭として奉仕するようにします。

1．進行係：下の写真を見ましょう。

2．進行係：（参加者たちに質問する）。

　　1）写真を見ながら自由に話し合ってみましょう。
　　2）司祭たちの仕事について話し合ってみましょう。

3．進行係：次の意見について、〇（賛成）、×（反対）、△（分からない）、？（疑問）、！（なるほど）のしるしを付け、その理由を出し合い、分かち合ってみましょう。

　　□1）神さまからの招きの声のことを「召し出し」とか「召命」と言う。その声は直接耳に聞こえてくるものである。

　　□2）「召命」ということばが示しているように、私たちがいのちを得てこの世にあるのは、神さまから招かれたからである。

　　□3）この世界に招かれたのだとすれば、何か具体的な「使命」、すなわち自分に与えられたいのちを使う場と事柄があるにちがいない。

　　□4）すべての信徒が持っている司祭職のことを「共通祭司職」と言うが、それはこの世に招かれた者の仕事のことである。

　　□5）司祭になることが召命ではなく、司祭の仕事すなわち司祭職への召命であるから、叙階は司祭になることで終わるものではない。

B．神さまのことば

1．進行係：どなたか、ヨハネによる福音書21章15節から17節（イエスとペトロ）を読んでくださいませんか。
　　　　　　——聖書を読む——

　　　　　　他の方が、もう一度読んでくださいませんか。
　　　　　　——聖書を読む——

2．進行係：次の聖書のことばを一人ずつ、祈るように読んでくださいませんか。
　　　　　（同じことばを3回繰り返して読む間、他の人は沈黙する）。

　　　　　「この人たち以上にわたしを愛しているか」（3回）
　　　　　「わたしの羊の世話をしなさい」（3回）
　　　　　「3度目に」（3回）

3．進行係：次の質問への答えを、皆で探してみましょう。

　1）この聖書の箇所は初代教皇であるペトロのいわば叙階式の場面です。ここで問
　　　われている教皇職への条件は何でしょうか。
　2）3度も同じ質問をされたのはなぜでしょうか。
　3）この場面の「愛しているか」という問い掛けのことばは原文のギリシャ語で
　　　は「アガペ」、すなわち神さまの愛であり、答えの「愛しています」の原文は
　　　「フィロス」で、人間的愛を意味しています。この愛の問答はかみ合っていな
　　　いように見えます。このことをどう思いますか。
　4）キリストの受難の夜、ペトロは3回イエスを知らないと言って裏切ってしまい
　　　ました。このような人間の弱さを知ることは、「叙階の秘跡」のために必要で
　　　すか、それとも妨げですか。
　5）「羊の世話をしなさい」と言われているその羊とは、信徒の人たちだけですか。

4．進行係：イエスがご自分の弟子たちに期待されたことは何なのか、次の聖書の中から探してみてください。

（一組対話を交わす）。

1）マタイ　9・35-38（飼い主のいない羊）
2）マタイ 28・19-20（私の弟子にしなさい）
3）マルコ 10・35-45（仕える人が治める）
4）1テモテ　4・12-16（信徒たちの模範となりなさい。

勧めと教えに専念しなさい）

参考聖書

使　徒	6・1-6	：7人の助祭の選び
使　徒	20・28	：監督者に任命
ヘブライ	5・1-10	：偉大な大祭司イエス
テトス	1・5-9	：クレタでのテトスの仕事
1テモテ	4・13-16	：キリストの立派な奉仕者

C．さらにもう一歩

　教会によって選ばれ、司教の按手を受けた司教とその協力者たちである司祭と助祭は、イエス・キリストの弟子としてこの世と教会のために奉仕する人々です。彼らは「仕えられるためではなく仕えるために来た」と言われるキリストに従って福音を伝え、秘跡と典礼を執行し、すべての人を神さまに導きます。

1．進行係：（参加者たちに質問する）。

1）皆さんが望んでいる司祭像について、お互いに話してみましょう。
2）私たちは教会の中で、どのようにして司祭を助けることができますか。
3）「共通祭司職」と「役務的祭司職」は、どのようにつながるべきでしょうか。

2．進行係：自由なお祈りをささげながら、集いを終わりましょう。

進行係のためのメモ

　「叙階の秘跡」は仕えることの偉大さと、これを成し遂げるための力を授けます。使徒の選びに始まる司教・司祭・助祭の役務的祭司職は、信徒のもつ共通祭司職と一体であることを学びたいものです。

　主の食卓であるミサは、この世界の食卓とつながっていなければ、ミサすなわちミッション（派遣）であることはできません。同様に信徒全体がもつ共通祭司職とつながっていなければ役務的祭司職は機能しません。

　全教会がいわば叙階されて共通祭司職をもつ故に、これを生かすため（仕えるために）役務的祭司職があることを学び合いたいものです。

　そしてその典型は、イエス・キリストご自身です。

覚えましょう

94. 「叙階の秘跡」とは何ですか。
　　＊キリストの祭司職にあずからせ、その職務を遂行するために必要な聖霊と、その賜物を授ける秘跡です。

　　教会内には多様な奉仕者たちがいますが、その中で助祭、司祭、司教は特別に「叙階の秘跡」を受けます。彼らは神の民のために働くように神さまの特別な召命を受けて、これに自発的に応答し、司教によって適格者と認められた人たちです。

95. 役務的祭司職と共通祭司職は、どう違いますか。
　　＊叙階の秘跡を受けて教会に特別な奉仕をすることを「役務的祭司職」と言い、信徒たちの参与する司祭的職務を「共通祭司職」と言います。

96. 祭服の色はどのように変わりますか。
　　＊司祭の着る祭服は、典礼の周期によって色が変わります。

祭服の色は白、赤、緑、紫など、全部で6種類です。

祭服の色	意　　味	着　る　と　き
白	栄光、勝利、復活、喜び、清らかさ	降誕節、復活節、キリストの諸神秘を祝う祝日（受難関連祝日は除外）、聖母の祝日、天使や殉教者でない聖人の祝日、洗礼式、堅信式、叙階式、結婚式、葬儀
赤	聖霊、殉教	聖霊降臨、受難の主日、聖金曜日、殉教した聖人の祝日
緑	聖霊、希望	年間
紫	回心、節制、悲しみ	待降節、四旬節、ゆるしの秘跡
金色と銀色	神の栄光、神の力、神の国	その日の典礼色に代えて、適当であれば金色または銀色の祭服を用いることができる。

第 25 課　病者の塗油の秘跡：癒やしと希望

進行係：(参加者を歓迎して、十字架のしるしをしながら集いを始めます)。

　　　　2〜3人の方が、祈りで神さまをこの席に招いてくださいませんか。

Ａ．私たちの身の周りのことから

　老いと病は人生につきものです。病気を病む本人も苦しいですが、長い間寝たきりの病人を世話することも並大抵の事ではありません。いのちを持つすべての存在は、決してその苦しみから逃れることはできません。病気を通して、人間は自分の弱さと有限性を経験します。しかし、そこからしか得られない大切なことがあるのも事実です。

1．進行係：下の写真を見てみましょう。

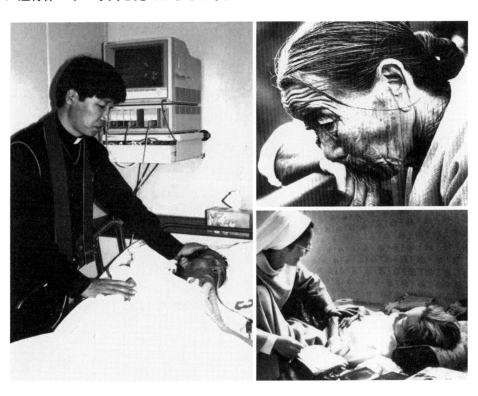

２．進行係：（参加者たちに質問する）。

　　１）これらの写真に何を見ることができますか。
　　２）病人が家族や隣人あるいは司牧者に期待していることは何だと思いますか。

３．進行係：次の意見について、○（賛成）、×（反対）、△（分からない）、？（疑問）、！（なるほど）のしるしを付け、その理由を出し合い、分かち合ってみましょう。

　　□１）健康な時は神さまについて考えないが、病気になると真剣に考えるようになり、死の準備もするようになる。

　　□２）人間は時々、からだは健康でも心が病んでいることがある。心の病にはいろいろあるが、本当の心の病は自分が病ではないと思い込んでいることである。

　　□３）無関心は体にとっての不感症と同様、感覚を失っていることだから、次第に進行すると、麻痺がひどくなり、ついに死に至る病となる。

　　□４）個人と同様、社会も病気になることがある。差別社会や独裁などは、その典型である。

　　□５）教会全体も病気になることがある。教条主義（実践のない教え）、掟主義（規則だけを振り回し、人を生かすことを忘れた行動）、原理主義（セクトを作り、他を排除すること）などは、その典型である。

Ｂ．神さまのことば

　イエスは苦しみに満ちたこの世に来られて、病人たちを治し、苦しむ人たちを慰め、飢えている人たちに十分な糧を与えてくださいました。イエスを通してなされた神さまのみ業は、人間の苦しみを取りのぞくことであり、死ではなく生命を与えることです。

１．進行係：どなたか、マルコによる福音書２章１節から12節（中風の人を癒やされたイエス）を読んでくださいませんか。
　　　　　──聖書を読む──

　　　　　他の方が、もう一度読んでくださいませんか。
　　　　　──聖書を読む──

２．進行係：「次の聖書のことばを一人ずつ、祈るように読んでくださいませんか。
　　　　　　（同じことばを３回繰り返して読む間、他の人は沈黙する）。

　　　　　　「四人の男が中風の人を運んで来た。」（３回）
　　　　　　「この人たちの信仰を見て」（３回）
　　　　　　「あなたの罪は赦される」（３回）
　　　　　　「わたしはあなたに言う」（３回）

３．進行係：（参加者たちに質問する）。

　　　　　　１）中風の病人は、どのようにしてイエスの癒やしを受けることができましたか。
　　　　　　２）からだの癒やし、心の癒やし、その他、この中風の病人にとって、癒やしはど
　　　　　　　　んなものだったのでしょうか。
　　　　　　３）イエスに近づくのを妨げたのは誰で、近づくのを手伝ったのは誰ですか。

４．進行係：

　　「病者の塗油の秘跡」は、癒やしてくださるキリストと出会うようにしてくれる秘跡
であり、秘跡の恵みで霊魂と肉体を癒やし、キリストの死と復活にあずからせる秘跡で
す。教会は病人のために祈りをささげる病者の塗油の秘跡の式で、愛といのちの主がと
もにいてくださり、苦しみを取りのぞき癒やしてくださるように願います。
　　この項のまとめとして、次のことばを皆で読みましょう。

「信仰に基づく祈りは、病人を救い、主がその人を起き上がらせてくださいます。その人が罪を犯したのであれば、主が赦してくださいます。

　だから、主に癒やしていただくために、罪を告白し合い、互いのために祈りなさい。正しい人の祈りは、大きな力があり、効果をもたらします」（ヤコブ5・15-16）。

参考聖書

マタイ　　8・14-17 ：多くの病人をいやす
マタイ　　9・18-26 ：指導者の娘とイエスの衣服に手を触れる女
マルコ　　1・40-45 ：重い皮膚病を患っている人をいやす
ヨハネ　　5・1-9 ：ベトザタの池で病人をいやす
ヨハネ　　9・1-7 ：生まれつきの盲人をいやす

C．さらにもう一歩

　私たちは病床にある時や苦しんでいる時こそ、かえって神さまに向かう確かな歩みを始めることができます。私たちは中風の病人をイエスに導いた共同体のように、さびしく苦しむ病人たちを世話し、神さまの愛を伝えることができます。

1．進行係：（参加者たちに質問する）。

　　1）病気になった時、最も必要としたことは、何だったかお互いに話し合ってみましょう。
　　2）私たちの周りにからだと心の病気で苦しんでいる人がいますか。
　　　その人のために祈るとか直接訪問することは可能ですか。
　　3）病者の塗油を必要とする人が身の周りにいますか。

2．進行係：次の「病人のための祈り」を唱えながら、集いを終わりましょう。

　恵み豊かな神よ、わたしたちの生涯はあなたのみ手によって導かれています。御子イエスはわたしたちの苦しみを負い、悲しみを担ってくださいました。

　病いの床にある兄弟（姉妹）（○○○○）のために祈ります。苦しみの中でキリストとともに十字架を負う人を、キリストの力によって強めてください。あなたの恵みによって健康を回復し、教会の集いの中で心からの感謝をささげることができますように。わたしたちの主イエス・キリストによって。アーメン。

覚えましょう

97. 「病者の塗油の秘跡」とは、どんな秘跡ですか。
　＊病気（事故、老衰を含む）でいのちが危うくなった信者と寄り添うキリストを実感させ助け強める秘跡です。

98. 病人の聖体拝領とは何ですか。
　＊ミサに参加できない病人に司祭が聖体を持って自宅や病院に行き、聖体を授けることです。

　家族や知人が病気になったら、司祭に連絡し、聖体拝領をお願いします。司祭が来たら、ローソクをつけて「主の祈り」と「アヴェ・マリアの祈り」を唱えながら待ちます。病人の聖体拝領の場合には聖体拝領をする前の1時間、飲食物をとらないという規則は守らなくてもよいし、必要なら何度も受けることができます。

99. 煉獄とはどんな所ですか。
　＊亡くなった人が神さまのもと（天国）に行く前に受けなければならない浄化の段階を煉獄と言います。

100. なぜ死者のための祈りをするのですか。
　＊教会は亡くなった人のための祈りを勧めています。

　死者のための祈りは煉獄にいる霊魂たちを神さまの慈しみにお任せする祈りです。神さまの恵みと愛の中に亡くなっても、完全に浄化されない人々のために、まだ地上の旅路を歩んでいるキリスト者は、祈りと善行と免償、そしてとくに、ミサをささげることにより、煉獄の霊魂を助けることができます。

第26課　参加し、交わり、宣教する共同体

進行係：（参加者を歓迎して、十字架のしるしをしながら集いを始めます）。

2～3人の方が、祈りで神さまをこの席に招いてくださいませんか。

Ａ．私たちの身の周りのことから

聖霊は神の民を一箇所に集め、教会を建てました。これが聖霊降臨という出来事です。その共同体に集まった人たちはみな兄弟姉妹となり、愛の共同体をつくりました。聖霊の恵みが満ちていた教会は、すぐに扉を開けて、この世界に向かって出かけて行きました。そして、まだ神さまを知らない人たちに神さまを伝え、救いの共同体である教会に招きました。

1．進行係：下の写真を見ましょう。

２．進行係：(参加者に質問する)。

1）写真の中のこのような姿をどこで見ることができるか、話し合ってみましょう。

2）家族とか隣人、同僚と心の中を打ち明けて付き合ったとか、ともに分かち合った経験を話し合ってみましょう。

（一組対話を交わした後、全体の集いで発表する)。

３．進行係：次の意見について、○(賛成)、×(反対)、△(分からない)、?(疑問)、!(なるほど) のしるしを付け、その理由を出し合い、分かち合ってみましょう。

□1）組織は共同体づくりの邪魔になる。なぜなら一つの目的のためにメンバー一人ひとりの心を無視してでも動こうとするからである。

□2）一人ひとりを大事にすると全体がおろそかになり、全体を重要視すると一人ひとりがとり残されてしまう。両方がともに生きるような共同体づくりは人間の手には負えない作業である。

□3）共同体づくりのモデルは他でもない自分自身の中にある。私たち人間の体はいくつもの臓器や肢体などから成っており、違いながら一つにつながっている。この、共同体というより生命体こそ、神さまを宿す共同体の理想である。

□4）神さまは共同体である。なぜなら、三位でありながら一体、つまり三位一体だから。

□5）大自然も神さまの創造物として神さまの生命体としての姿を映しとっている。森は人の手も借りることなく、かえって人が雑木とか雑草などと言って差別した木や草も決して退けず、共存共生している。

Ｂ．神さまのことば

　初代教会の信徒たちは心も思いも一つにして、誰一人その持ち物を自分の物と言わず、すべてを共有していました。彼らはお互いに愛し合いながら兄弟姉妹として受け入れ、主イエスの復活を証し、神さまをたたえ、幸せな生き方を発見したのです（使徒4・32-33）。

1．進行係：どなたか、使徒言行録 2 章 43 節から 47 節（信徒の生活）を読んでくださいませんか。
——聖書を読む——

　　　　他の方が、もう一度読んでくださいませんか。
——聖書を読む——

2．進行係：今読んだ聖書の中で心に響いた単語とか句を選んで、大きな声で祈るように 3 回ずつ読んでくださいませんか。
（同じことばを 3 回繰り返して読む間、他の人は沈黙する）。

1）1 分ないし 2 分間沈黙し、神さまが私たちの心に話しかけてくださることに耳を傾けてみましょう。
2）あなたに個人的に響いたことばは何でしたか。自分が選んだ単語とか聖書の句が、なぜ心に響いてきたか、お互いに話し合ってみましょう。
3）初代教会の姿は、「参加し、交わり、宣教する共同体」になっていたと思いますか。それとも何か欠けていたと思いますか。

参考聖書

　　マルコ　　10・35-45　　：ヤコブとヨハネの願い
　　ヨハネ　　13・1-15　　　：弟子の足を洗う
　　ヨハネ　　13・34-35　　：新しい掟
　　ローマ　　12・16-21　　：キリストにおける新生活
　　ヤコブ　　 2・14-17　　：行いを欠く信仰は死んだもの

C．さらにもう一歩

　教会はキリストに従う者たちが、お互いに人格的に交わり、分かち合いながら、親しい交わりと一致をつくりあげる所です。隣人とともに本物の共同体になって生きていく時、真のキリスト者の教会になります。親密な交わりと分かち合いを実現させるためには、小共同体（教会の細胞）が活性化されていなければなりません。「二人または三人がわたしの名によって集まっている所には、その中にわたしがいる」（マタイ18・20）と言われた主のみことばのように、分かち合う集いの中にキリストが臨在され、その魅力が人々を引き寄せるのです。。

　小共同体は次のような4つの要素をもっています。
　　1）生活の現場である家庭とか職場などで集まります。お互いにもっとよく知るために、週1回または月1回程度集いを持ちます。
　　2）集いの基礎は福音の分かち合いです。みことばを通じて主が私たちに近づき、ともにいることを感じるようにします。復活した主を招いてその方のみことばに耳を傾け、黙想しながらその意味をともに分かち合います。
　　3）小共同体は貧しく苦しむ隣人に助けの手を伸ばすことで、「お互いに愛し合いなさい」という主の命令を実行に移します。
　　4）小共同体は教会とつながりをもち、普遍（カトリック）教会と一致します。

1．進行係：（参加者に質問する）。

　　1）私たちは今置かれている環境で、どのようにすれば隣人と一致して、仲良く生活していくことができるか話し合ってみましょう。
　　2）私たちが属している小教区にはどんな団体があり、その活動はどのようなものか調べてみましょう。

2．進行係：この集いをしめくくる祈りとして、次の聖書のことばを唱えましょう。

　「そこで、あなたがたに幾らかでも、キリストによる励まし、愛の慰め、「霊」による交わり、それに慈しみや憐れみの心があるなら、同じ思いとなり、同じ愛を抱き、心を合わせ、思いを一つにして、わたしの喜びを満たしてください。何事も利己心や虚栄心からするのではなく、へりくだって、互いに相手を自分よりも優れた者と考え、めいめい自分のことだけでなく、他人のことにも注意を払いなさい。互いにこのことを心がけなさい。それはキリスト・イエスにもみられるものです」（フィリピ2・1-5）。

進行係のためのメモ

　教会というものの基本的イメージを捉えること、すなわち「交わり」こそ教会であることを学びます。建物づくりとその維持の段階から抜け出すべきことはもちろん、人と神さまの交わりづくりに教会の存在意義があることをまず、しっかりと身に付けることが必要です。

　「分かち合い」ということばは、「分かつ」すなわち分離すること、「合い」すなわち一致することから成っています。一人ひとりがオンリーワンとして大事にされ、しかも一つであることです。これこそ神さまの業であり、教会の仕事です。

覚えましょう

101. 宣教とは何ですか。
　　＊宣教とは、むしろ「福音化」と呼ぶべき事柄で、イエス・キリストに向けて教会と社会を変えていくことです。

102. 「福音化」は、どうすればできますか。
　　＊いろいろな方法がありますが、とりわけ分かち合いによって教会の細胞である小共同体づくりに励むことは、とても有効な手段です。

第27課　信仰の証人たち

進行係：（参加者を歓迎して、十字架のしるしをしながら集いを始めます）。

　　　　２～３人の方が、祈りで神さまをこの席に招いてくださいませんか。

Ａ．私たちの身の周りのことから

　この日本の国に初めてカトリックが伝来したのは、1549年です。私たちの信仰の先祖は、神さまを信じるという理由で迫害を受け、多くの人々が殉教しました。

１．進行係：次の文章は26聖人の中の最年少者ルドビコ茨木の物語の一場面を記した
　　　　　　ものです。どなたか、次の文章を読んでくださいませんか。

「わたしの十字架はどこですか」

　はりきって笑顔のうちに歩いて行くこの少年は、何のために送られているのか知っていたのであろうか。西坂に着いたとき、地面に並べられている二十六本の十字架の列がルドビコの目を引いた。

　「私の十字架はどこですか」と彼が尋ね、教えられると探していた宝物を見いだしたかのようにその十字架に駆け寄り、その側に跪いた。受洗してから、まだ二年しか経っていなかったルドビコの澄んだ目は、十字架の奥義を悟っていた。死刑の道具であったその二本の丸太がイエスと結ばれる生命のしるしになる。

　豊臣秀吉は恐らく、自分の命令によって殺される人の中に十二歳の子供がいるとは知らなかったであろう。役人と執行人は知っていたが、罰の恐れの下に行う人々で、彼らには心の自由がなかった。よくわきまえて自由に自分の道を選ぶのは十二歳のこの少年であった。

　　「ルドビコ様が　にっこりと　笑ってやりを　受けたとき
　　　　　　西坂丘の　夕映に　ほろりと散った　梅の花」

　　　　　　　　　　　　　　　　　　（結城了悟「日本二六聖人殉教四百年によせて」
　　　　　　　　　　　　　　　　　　　　　　　　『聖母の騎士』1995年1月号）

2．進行係：(参加者たちに質問する)。

　1）12歳の少年が、これほどの強い信仰を持つことができたのは、なぜだと思いますか。

　2）ルドビコ茨木が味わっていた喜びは、どこから来たと思いますか。

　3）人が自由であるとは、どういうことだと思いますか。

3．進行係：次の意見について、○(賛成)、×(反対)、△(分からない)、?(疑問)、!(なるほど)のしるしを付け、その理由を出し合い、分かち合ってみましょう。

　□1）殉教祭は若くして処刑されるなど、寿命を全うすることができなかった人たちを供養するための慰霊祭である。

　□2）殉教者たちは自分のいのちを捨てたのではなく、自分のいのちを完成させたのである。

　□3）人間という墓に着座しておられる復活者キリストが、迫害によって人間に付属していたさまざまな付随物が一気に取り除かれ、あざやかに復活した。これが殉教であり、したがって殉教は復活の秘義を生き抜いた証し、キリストの証しとなる。

　□4）現代も形は違っても殉教は必要であり、形は違っても迫害は行われている。

　□5）現代の迫害の最も強烈なものは、豊かさである。なぜなら、いつの間にか人間を骨抜きにしてしまうからである。

B．神さまのことば

　私たちの信仰の先祖たちは、尊いいのちまでささげるほど神さまを愛しました。彼らにとって、神さまはこの世の何物にも替えられない尊いものでした。彼らがそのように神さまを愛するようになったのは、神さまの愛が、どれほど大きく深いかを悟ったからです。

1．進行係：どなたか、ローマの信徒への手紙8章31節から39節（神の愛）を読んでくださいませんか。
　　　　　——聖書を読む——

　　　　　他の方が、もう一度読んでくださいませんか。
　　　　　——聖書を読む——

２．進行係：次の聖書のことばを一人ずつ、祈るように読んでくださいませんか。
　　　　　　（同じことばを３回繰り返して読む間、他の人は沈黙する）。

　　　　　　「だれが神に選ばれた者たちを」（３回）
　　　　　　「苦しみか」（３回）
　　　　　　「わたしたちを愛してくださる方によって」（３回）
　　　　　　「引き離すことはできないのです」（３回）

３．進行係：（参加者たちに質問をする）。

　　１）信仰生活をおくるのに、どんな点が難しいですか。
　　　　お互いにその難しいことについて話し合ってみましょう。
　　２）信仰はあなたに力を与え、希望を与えてくれますか。
　　　　それとも単なる知識にすぎないものですか。

参考聖書

マタイ	5・10-12	：義のために迫害される人は幸い
マルコ	13・9-13	：最後まで耐え忍ぶ者は救われる
ヨハネ	16・33	：わたしはこの世に打ち勝った
ローマ	12・14-21	：善をもって悪に勝ちなさい
２コリント	6・1-10	：あらゆる場合に神に仕える者としてその実を示す
２テモテ	3・10-17	：最後の勧め

C. さらにもう一歩

　二十六聖人以外にも日本には多くの殉教者がいます。教会はこれらの殉教者や殉教しなくても、神さまとの交わりを深め、人々の模範となる方々を聖人や福者として宣言します。

　私たちは聖人や福者を崇敬し、その取り次ぎを願います。さまざまな境遇の中で立派に神さまの愛を証しした人々の生活は、私たちの信仰生活の生きたモデルです。

1．進行係：(参加者に質問する)。

　　1) あなたが洗礼名にいただいた聖人は、どのような人ですか。
　　2) さまざまな聖人がいますが、共通していることは何でしょうか。
　　3) 殉教者を福者や聖人にするのは何のためですか。それは国のためにいのちをささげた人を英霊として祭るのと、どこが違うと思いますか。

2．進行係：自由なお祈りをささげながら、集いを終わりましょう。

進行係のためのメモ

　殉教とはいのちをささげて信仰を証しするという意味です。何を証明するのかと言えば、殉教者の中にある神さまの恵みの力のみならず、この世界に満ち満ちている神さまの愛です。神さまの愛の証明者は、同時にその愛は人間の自由な心に宿ることを知っており、したがってこの世界には信仰の自由が保障されねばならないことをも訴えているのです。

　殉教とは、さらに言えばキリストをこの世界に証しすることです。キリストを証しするとは復活の証明です。人間は神さまの原形として創造されたが、その原形の場に今やキリストが着座しておられる。これが復活の秘義です。
　殉教とはまさに、人間の体という墓が壊され、キリストがあざやかに復活された事実を証明しています。だから殉教祭は同時に復活祭でもあります。
　この復活祭は現代においても形を変えて、当然続けられねばなりません。

覚えましょう

103. どのようにしてカトリックは、わが国に伝来したのですか。

* 1549 年、フランシスコ・ザビエルによって、初めて日本にキリスト教がもたらされました。

日本に初めてキリスト教を伝えたのは、フランシスコ・ザビエルです。ザビエルはイエズス会会員として、またローマ教皇の大使としてキリスト教を伝えるために、1541 年にインドに派遣されました。インドに到着したザビエルはインド国内で、またマラッカやモルッカ諸島などで宣教し、数万人という人々に洗礼を授けました。

ザビエルは、その宣教の途上、1542 年 12 月、マラッカの教会で鹿児島県生まれの武士ヤジロウと出会いました。ザビエルはヤジロウから日本についてたくさんのことを教えてもらいました。その中でヤジロウは、次のように言いました。「日本人はすぐには信徒にはなりません。まずいろいろ質問するでしょう。そして宣教師の知識がどれほどあるか、話すことと行うことが一致しているかを見るのです。日本人はよく考えた後で、答えを出すのです」。ザビエルはヤジロウのように礼儀正しく、学ぶことの好きな日本人にキリスト教を伝えたいと思いました。それで日本に向けて出発し、1549 年 8 月 15 日に鹿児島に上陸しました。

鹿児島に着いて、そこを治めていた島津貴久と会い、宣教の許可を得て、宣教を開始しました。鹿児島では 100 人ぐらいに洗礼を授け、その後、平戸、京都、山口、大分へと向かい、宣教し、多くの人々に洗礼を授けました。

その後、ザビエルはインドに戻ることになり、1551 年 10 月に日本を離れました。ザビエルが去った後も遺志を継いだ宣教師たちが豊後の地に教会や病院を建て、また、洗礼を受けた大名たちの協力もあり、長崎をはじめ京都、大阪などにもキリスト教は広まっていきました。

104. 日本ではなぜ、カトリックに対する迫害が起こったのですか。

* 権力者が、キリスト教宣教の背後に日本占領の野望を疑ったことが原因です。

そのころ日本の国を治めていたのは豊臣秀吉です。秀吉は 1587 年に「キリシタン大名の規制」と「伴天連追放令」を出しました。それはキリスト者が急に増えてしまうことを怖がり、またキリスト教が日本を奪ってしまうのではないかと、疑ったためだと考えられています。しかし、しばらくの間はそれほど厳しい取り締まりはありませんでした。

ところが続いて二つの出来事が起こりました。京都では、大地震や台風で被害を受けました。「こんな災害を受けたのはキリスト教のせいだ」。災難のすぐ後、今度はスペインの大型貿易船サン・フェリペ号が台風のために高知県の海岸に打ち上げられたのです。

「今に見ていろ、日本はみんな外国に取られてしまうぞ。外国のやり方は、はじめに宣教師を送り込んで、その国の人間の心をキリストの教えで変えてしまい、その後で大勢の軍隊が来て国を奪ってしまうんだ。早くキリスト教を厳しく禁じてしまわなければ、大変なことになるぞ」。

キリスト教を嫌う人々は、このようなうわさ話を広めました。秀吉はこれらの出来事をもとにして、キリスト教の弾圧を決定しました。こうして迫害が始まったのです。

（カトリック長崎大司教区長崎地区カテキスタ養成委員会『まるちれす』より）

105. 宣教（福音化）は、どのように実行しますか。

＊福音のみことばを宣べ伝え、それを実生活で証しし、神さまの国を広めることに努めます。

現代の宣教は福音化と呼ばれます。これは教会と社会をイエス・キリストに向けて変えていくことです。

この世界も教会も、すでに復活者キリストを宿しています。互いに協力し合ってそのキリストを産み落とす作業を続けること、これが福音化運動であり宣教です。

そのためには墓石をとり除くように、自分と社会の壊すべきものを壊す必要があります。

みごと産み落としたら、新しいキリストの誕生であり、産み落とされたいのちに名を付け、祝います。いわゆる洗礼という名の復活祭です。

第28課　永遠のいのち

進行係：(参加者を歓迎して、十字架のしるしをしながら集いを始めます)。

　　　2～3人の方が、祈りで神さまをこの席に招いてくださいませんか。

Ａ．私たちの身の周りのことから

　予告なしに訪れる死の前で人間は苦悩します。人間は死を前にして自分が無力な存在であることを悟ります。しかし、死をどのように考え、受け入れるかによって、今の生き方も異なってきます。

1．進行係：どなたか、次の文章を読んでくださいませんか。

　私は今から十数年前、少し大きな病気をして二、三年入院したことがある。病院にいたとき、真夜中になにか獣の吠えるような声が風にのって、私の病室に聞こえてきた。初めは病院の実験用の動物が鳴いているのかと思い、翌朝、看護婦さんにそれを尋ねたら、実はそれは若いお医者さんとのことであった。彼は肺癌になってしまって、医者であるために自分が肺癌であることがわかり、毎朝、自分の瞳孔を鏡に映して見てまだ今日は大丈夫だ、今日は死なないですむと言っているほどのしっかりした人でした。
　しかし、しだいに癌が神経を冒してきて、モルヒネを打っても痛みが耐えられないほどひどく、それで声をあげて叫ぶのだ、ということを教えてくれた。「モルヒネも効かなくなったような患者さんをあなたはどうするの」と聞くと、「しかたがないので手を握ってあげます。そうすると何故か静かになります」という答えだった。

　　　　　　　　　　　　　　　　　　　(遠藤周作『現代の苦悩と宗教』より)

2．進行係：(参加者に質問をする)。

1）この文を読んで感じたことを、お互いに話し合ってみましょう。
2）死を前にしたこのお医者さんの痛みを癒やしたのは、何ですか。
3）人間のいちばん深く大きな苦しみは、何だと思いますか。
4）人の病を癒やすべき医者、若いいのち、今、何もできず横たわっている。この方の苦しみに何か意味があると思いますか。

3．進行係：次の意見について、〇(賛成)、×(反対)、△(分からない)、？(疑問)、！(なるほど) のしるしを付け、その理由を出し合い、分かち合ってみましょう。

□1）永遠のいのちとはいつまでも続くいのちのことであるが、死んでしまえばすべては終わりである。

□2）人間が墓を豪華にするのは、墓は死の場所ではなく、いのちを宿すものであることを信じているからかもしれない。

□3）永遠のいのちとは復活のいのちのことである。

□4）永遠のいのちとは、洗礼の時に産み落とした神さまのいのちのことであり、すべての人は、今すでに自分の中にこれを宿している。

B．神さまのことば

　復活なさったイエスは、弟子たちに手と足の釘の跡を見せながら（ルカ24・39）、死者のうちから復活したことを告げ知らせました。イエスは「わたしは復活である」（ヨハネ11・25）、「わたしの言葉を聞いて、／わたしをお遣わしになった方を信じる者は、／永遠の命を得る……」（ヨハネ5・24）と言われました。

1．進行係：どなたか、ヨハネによる福音書11章17節から27節（復活といのちであるイエス）を読んでくださいませんか。
　　　　——聖書を読む——

　　　　他の方が、もう一度読んでくださいませんか。
　　　　——聖書を読む——

2．進行係：次の聖書のことばを一人ずつ、祈るように読んでくださいませんか。
　　　　　　（同じことばを3回繰り返して読む間、他の人は沈黙する）。

　　　　　　「慰めに来ていた」（3回）
　　　　　　「復活する」（3回）
　　　　　　「わたしは復活であり、命である」（3回）
　　　　　　「私を信じる者は」（3回）

3．進行係：（参加者に質問する）。

　　1）「あなたの弟は復活する」と言われた時、マルタは何と答えましたか。
　　2）1）の答えを受けて、〉その答えは正しいものでしたか。それとも間違いでし
　　　たか。もし間違っていたとすれば、それはなぜですか。
　　3）私たちの復活の捉え方はマルタのものとどう違いますか。いわゆる復活の先送
　　　り、つまり、死んだ後のこととして考えていることはありませんか。
　　4）ラザロはもと持っていたいのちを取り戻していただいたと思いますが、それは
　　　永遠のいのちでしたか。
　　5）死をも乗り越える神さまのいのちが今、私たちの中に息づいていることを感じ
　　　ることがありますか。あるとすれば、それはどんな時ですか。

　私たちはイエス・キリストが死から復活したように、私たちも死から復活して、神さ
まとともに永遠に生きることを信じています。

４．進行係：次の聖書のことばを一緒に読みましょう。

「しかし、実際、キリストは死者の中から復活し、眠りについた人たちの初穂となられました。死が一人の人によって来たのだから、死者の復活も一人の人によって来るのです。つまり、アダムによってすべての人が死ぬことになったように、キリストによってすべての人が生かされることになるのです」（１コリント 15・20-22）。

参考聖書

マタイ	22・23-33	：死者の復活について
マタイ	25・31-46	：最後の審判
ルカ	23・32-43	：十字架につけられる
ヨハネ	5・19-29	：神の子イエスの権能
１テサロニケ	4・13-14	：主の再臨

Ｃ．さらにもう一歩

信じない人たちには、死は絶望であり、大きな悲しみかもしれませんが、信じる人たちにとっては永遠のいのちへと進む門です。この救いはイエス・キリストを通して、すでに私たちに成し遂げられたのです。私たちは神さまが私たちを死から救い出し、永遠に生きるようにしてくださっていることを信じます。その永遠のいのちは死後に得られるものだけではなく、今、この瞬間にも継続しているイエス・キリストのいのちそのものです。私たちが真心から主を信じ、主のことばどおり生きていくとき、すでにこの世から永遠のいのちは始まっているのです。

１．進行係：（参加者たちに質問をする）。

　１）この世の中に亡びないものがありますか。
　　　それは何か、話し合ってみましょう。
　２）「自分の命を救いたいと思う者はそれを失うが、《わたし》のために命を失う者はそれを救うのである」（ルカ 9・24）。
　　　この聖書のことばの中の《わたし》を愛ということばに置き換えて読み、永遠のいのちを得る方法について話し合ってみましょう。

２．進行係：自由な祈りをささげながら、集いを終わりましょう。

進行係のためのメモ

　私の死とキリストの死。私の復活とキリストの復活が、どのように一致するのかを学びます。

　永遠とは時間ではなく、愛そのものであり死して滅びないもの、すでにこの世にあることを捉えたい。

　自ら自我の死を引き受けることによって人々とともに生きるいのちを得るという復活（過越）の秘義を生きることが、永遠のいのちに生きることになります。

　人間と世界に、ちょうど水たまりに石を投げると波紋が広がるように、キリストの復活の波紋が広がっています。人々はその波紋に揺さぶられたり気づかずに通り過ぎたり、あるいはみごとにこれを捉えて自分のいのちと重ね合わせたりします。

　キリストの復活はいかなる障害があろうと着実に進んでいきます。世界の終わりとは復活の完成の時のことです。

「門よ、とびらを開け。永遠の戸よ、上がれ、栄光の王が入る」。
主よ、来たりたまえ。マラナタ。

覚えましょう

106.　聖地とは何ですか。

＊神さまと関連した神聖な場所のことです。

　聖地とはイエス・キリストや聖母マリア、使徒たちの生涯と直接結びついた場所であるパレスチナを言います。また、巡礼地とは聖母マリアが出現された所や、イエス・キリストを証しするために殉教した場所、聖人たちの生誕地、活躍した地などを言います。わが国の場合は、迫害時代に信仰の祖先たちが殉教した場所、殉教者の墓地、殉教者が誕生した所、初期教会共同体の信仰の揺籃の地などが巡礼地に指定されています。

107.　なぜ巡礼するのですか。

＊自分を清め、神さまを自分の生活の中心において生きていく知恵を、殉教者をはじめ信仰の祖先たちから学ぶことができるからです。

108. 「長崎巡礼」が盛んになりつつあるようですが、それはなぜですか。

　＊今、「長崎と天草地方の潜伏キリシタン関連遺産」が世界遺産に認定されるよう
　　運動（2017年現在）が続けられていることも理由の一つです。

　世界遺産認定に向けての運動の影響で、多くの方々が教会に関心を寄せてきつつ
あります。教会群の背後にある250年余にもおよぶ潜伏の歴史を今、世界が評価し
ようとしているのです。
　できれば単なる観光ではなく、自分の人生の旅、心の旅となるように、おもてな
しをしようというのが、「長崎巡礼」のねらいです。

あ と が き

カトリック長崎大司教区 小共同体推進室

室長 古木 真理一

　長崎教区では、かつて洗礼を希望する方々の準備のための学び風景は、各小教区において普通のこととして見られたものです。それがなぜ可能であったかと言えば、問答形式の『公教要理』があって、とにもかくにもこれを暗記し、それをもって準備としていたからです。

　第二バチカン公会議以後この『公教要理』が消えていきました。それと同時に大人の洗礼志願の道もほとんど閉ざされていきました。少なくとも教区の最優先課題ではなくなってしまいました。

　なぜ、かつての『公教要理』では不十分なのでしょうか。その理由は、このテキストを利用していただいて、皆で納得するのが一番良いのですが、キリストの広大無辺に躍動する福音を、教義の中にすべて盛り込むことはとてもできませんし、ましてや、律法（掟）の管理下に置くことなど、とうていかなうものでもないからです。

　それは言うまでもなく、復活されたキリストご自身にして初めて可能となることです。

　イエス・キリストの臨在、それはどこで実感されるのでしょうか。初代教会の信者たちは、「分かち合い」の中に自分たちの主を見ていました。エマオの道中で（ルカ24・13以下）、野原の真ん中で（ヨハネ6・11）、分かち合いの中でイエス・キリストを体験し、「記念として」（ルカ22・19）これを受け取っていったのです

　今も私たちは、祭壇上でパンを裂き、分け与えるというキリスト教の核となる行為を、毎朝繰り返しています。ですから分かち合いは、復活されたキリストご自身の臨在といのちを実感する場ということになります。

　祭壇上のパンの分け合いの裾野は全世界に広がっています。これを祭壇上にだけ囲い込むのではなく、教会の境界を越えて、すべての善意の方々と共有しようというのが、この分かち合いの書をお届けする理由です。

　第二バチカン公会議の、福音すなわちイエス・キリスト復帰運動への具体的プログラムは、この50年間、断片的にはさまざまに試みられたものの、まとまったものとしては現れませんでした。それがようやく世界的ブランド力を持つものとして現れたのが、ご存じのAsIPA*プログラムです。

　2001年2月、長崎においても、韓国のソウル教区福音化事務局スタッフによって紹介され、その後、紆余曲折を繰り返しながら、長崎版、ひいては日本版総合プログラムを生み出すべく地道な努力を重ねているところであります。

　ソウル教区福音化事務局には、本書の発行を快くおゆるしいただくとともに、これまで資料の提供、励ましなど、それこそ現場での分かち合いの実践そのものを示してくださいました。ここに心からの感謝を申し上げます。

また、かつての教区機関紙『言の波』連載の頃から、実際に試用し、分かち合いを実践しながら、その中から気づいたこと、改善すべきことなど、貴重なご意見を寄せてくださった方々への感謝の記憶は長くとどめておかねばなりません。これこそ本物の分かち合いであり、教会づくりそのものだからです。

　最後になりましたが、快く出版を引き受けてくださったサン パウロに、心より深謝いたします。

　信徒発見150年を記念して開かれた教区シノドス（代表者会議）の間中、教区内全小教区で「新しい熱意と方法と表現」が生み出されるよう、毎日、熱心な祈りが続けられました。主の福音を受け取る権利を持つすべての方々が、この書の分かち合いの広場に集い、ともに主の新しいぶどう酒（ルカ5・38）を味わうことができますよう祈ってやみません。

2015. 3. 17 「日本の信徒発見」150周年の記念日に

＊AsIPA（Asian Integral Pastoral Approach）
FABC（アジア司教協議会連盟）の信徒局によって開発された「アシパ（AsIPA プログラム）」は、ルムコ研究所（南アフリカ共和国司教協議会によって設立され、第二バチカン公会議の精神に基づいた教会づくりの推進を目的としている。"*Our Journey Together*"〔『共に歩む旅』〕はそこで生み出されたプログラムの一つです）の開発した方法論に従い、アジアの政治的、社会的、文化的背景に適するように意識して作られています。

＊本書における聖書の引用は、『聖書新共同訳』（日本聖書協会）によりました。

付　録

1. おもな祈り

十字架のしるし

父と子と聖霊のみ名によって。アーメン。

主の祈り

天におられるわたしたちの父よ、み名が聖とされますように。
み国が来ますように。
みこころが天に行われるとおり地にも行われますように。
わたしたちの日ごとの糧を今日もお与えください。
わたしたちの罪をおゆるしください。わたしたちも人をゆるします。
わたしたちを誘惑におちいらせず、悪からお救いください。アーメン。

アヴェ・マリアの祈り

アヴェ、マリア、恵みに満ちた方、主はあなたとともにおられます。
あなたは女のうちで祝福され、ご胎内の御子イエスも祝福されています。
神の母聖マリア、わたしたち罪びとのために、
今も、死を迎える時も、お祈りください。アーメン。

栄　唱

栄光は父と子と聖霊に。初めのように今もいつも世々に。アーメン。

使徒信条

天地の創造主、全能の父である神を信じます。
父のひとり子、わたしたちの主イエス・キリストを信じます。
主は聖霊によってやどり、おとめマリアから生まれ、
ポンティオ・ピラトのもとで苦しみを受け、
十字架につけられて死に、葬られ、
陰府に下り、
三日目に死者のうちから復活し、
天に昇って、
全能の父である神の右の座に着き、
生者と死者を裁くために来られます。
聖霊を信じ、聖なる普遍の教会、聖徒の交わり、罪のゆるし、
からだの復活、永遠のいのちを信じます。アーメン。

2．旧約聖書は、どのようにして編纂されたのですか

　旧約聖書のすべてが完結するのに何百年もかかりました。どういうふうに編纂されたのでしょうか。

1．最初、イスラエルの人々は、自分たちのために神さまがどんなにすばらしいことをしてくださったかを互いに語り合っていました。例えば、アブラハムがどのように呼ばれ、人々がエジプトの奴隷状態からどのように解放され、どのように約束の地に定住し、どのようにエルサレムに神殿が建立されたか、などです。

　　彼らは、火を囲んで集まってはこれらの出来事について話し、子供たちに、あるいは礼拝のために集まった人たちに、話して聞かせました。

　　そして彼らはこれらの出来事の中に神さまがともに歩んでくださっていることを悟りました。

2．イスラエルのある人たちは、両親や祖父母から聞いたこれらのことがらを書きとめていきました。そして彼らは、これらの出来事は「たまたま起きたこと」ではなく、「神さまがそうなさったこと」だと言いました。

3．それから何百年かたって、またイスラエルのある人たちはこれらのいろいろな書物を収集しました。例えば、天地創造にまつわる言い伝えをある二人の人が別々に書いて、それを一つにしたのです。創世記1章と2章をご覧になってください。

4．カトリック教会の司教たちは、それらの書が神さまに選ばれた信仰共同体の中で育まれていったということで、神さまのことばとして受け入れました。そしてそれらの書を聖霊の霊感を受けたものと考えました。司教たちは、これらの書き物が追加も変更も受けることなく書き写されていくよう細心の注意を払いました。

3．新約聖書は、どのようにして編纂されたのですか

1．キリストの死と復活の後二十年間、イエスのことばや行いはキリスト者共同体の集いの中で語られ、口頭で伝えられていきましたが、新約聖書の一つの書も、まだ書きとめられていませんでした。

2．今日、私たちが新約聖書中に見るもので最初に書かれたものは、おそらくパウロの手紙だったと思われます。西暦五十年の夏、パウロは敵の迫害を受けてテサロニケを後にせざるをえなくなり、コリントに行きました。そこからテサロニケの人々に宛てて、彼らの質問に答える形で手紙を書きました。

3．パウロは、同じようにして、自分が創設したキリスト者共同体に向けてアドバイスをしたり質問に答えたりして、つながりを持ち続けました。そして彼の手紙は筆写されて他の共同体に送られ、そこの集会で読まれました。

4．今日、私たちが手にする新約聖書の中の福音書は、いろいろなキリスト者共同体に向けて語られた説教や教えです。書き物になったのは後のことです。

5．マルコによる福音書は、古い伝承によればペトロの説教だと言われています。

6．このようなさまざまな手紙や福音書が集められて新約聖書になりました。それは、教会共同体の中で伝えられたものの中から書きとめられたもので、司教たちはこれを保管し守ってきました。私たちは新約聖書を神さまのことばとして受け入れ、これを大切にします。なぜなら新約聖書は、聖霊と使徒たちの導きのもとにあったキリスト者の信仰共同体から生み出されたものだからです。

4. 創世記の創造物語は、どのように理解すればよいのですか

　聖書の最初の本の第1節は高らかにこう宣言します。「初めに、神は天と地を創造された」と。

　次いで、神さまがどのようにして6日間で万物を創造され、7日目に休まれたかということが語られます。

　多くの人にとってこの聖書の第1章の文言は問題でした。

　例えば、ある人はこう言います。

　「今日では世界が6日間で造られたのではないことは誰でも知っています。植物、動物、人間は何百万年もの長い年月をかけて、ゆっくり進化したのです」。

　また、ある人はこう言います。

　「いいえ、違います。私たちは世界のすべてのものが、聖書に書かれてあるとおりであると信じています。人間は動物から出てきたのでも、進化してきたのでもありません。今見ているとおりに創造されたのです」。

　それでは、私たちは。天地創造について語る創世記の第1章をどのように読んだらよいのでしょうか。

（1）聖書は地理学の本ではありません。

　学校で勉強するときには、科目によって使う教科書も違います。地球についてもっと知りたいときは「地理学」の本を使いますし、植物や人体について知りたいときは「生物学」の本を使います。

　私たちはいったい何を知りたくて聖書を読むのでしょうか。昔の人たちがどんなふうに家を建てたか、イスラエルの人々がどういう料理のレシピを使っていたか、地理学や生物学についてどんなことを知っていたかなどを知りたいとは思っていません。私たちは、聖書を読むとき、神さまのことについてもっと知りたい、神さまとはどのようなお方か、私たちに何をしてくださるのか、どのように私たちを愛してくださっているのかについて知りたいのです。

　ですから、植物や動物や人類がどのように進化してきたかを聖書から「証明」しようとすることなど見当違いです。

（2）『創世記』第1章の伝えるメッセージは何でしょうか。

　『創世記』第1章の天地創造の記述は、力強く歌い上げられた賛歌です。アフリカの文化の中で族長の栄誉をたたえて歌う賛歌に似ています。歌手は、それを歌って、あるメッセージを宣言し伝えたいのです。彼は歌います。「われらの族長は吼えたけるライオン」と。誰も、族長がライオンだなどと思っていません。

歌手は自分のメッセージを伝えたくて、「われらの族長は吼えたけるライオン」と歌うのです。

　『創世記』第1章もこのように理解しなければなりません。人々は、当時の乏しい科学知識から得た表現や考え方しか使えなかったのです。それらの表現やことばで地理学について何かを教えようとしたのではありません。今日、私たちは彼らより、もっといろいろなことを知っています。『創世記』第1章を歌い上げる歌手たちは、今日の私たちにとっても大変有益で力強いメッセージを伝えたいのです。そのメッセージとは次のようなものです。

★　どんなものであれ、それが存在する前に、神さまはすでに存在していた。
★　他の多くの人々が信じているような「小さな神々」や「小さな創造者」は他に存在しない。
　　ただ唯一の神さましか存在せず、それは天と地を創造された神さまである。
★　イスラエルの民の神さまは、ユダヤ人という「一部族の神さま」ではない。すべての国民と民族の神さまである。神さまがすべてを創造されたからである。

（3）「7日」にはどんなメッセージがあるのですか。
　『創世記』第1章を書いたのは神殿に仕える祭司たちでした。彼らは先人たちが世代から世代へと伝えてきたことを『創世記』第1章に書きとめました。イスラエルの民は、すでに長い間、1週間を7日とし、6日働き、1日休むという習慣を守ってきていました。この理由から『創世記』第1章を歌い上げた歌手は、自分の賛歌に7日という形を当てはめたのです。

5. カトリックでないキリスト教諸教会の起こり

　イエスは、ご自身が天におられる父と一つであるように、ご自分の弟子たちも一つであることを望まれました（ヨハネ 17・21）。ですから、教会がこれほど多くのいろいろな教派に分かれてしまったということは大変悲しいことです。では、カトリックでないキリスト教の諸教会はいつごろ起こったのでしょうか。

　ルーテル教会はマルティン・ルーテルによって始められました。彼は教会が聖なるものであることを望み、当時の多くの司祭、司教の悪業を目にして我慢できませんでした。そのために、彼はカトリック教会から離れていったのです。

　教皇パウロ六世は、これほど多くの人々が「母なる教会」を去っていった原因がこの悪業にあったことについて、カトリックでないキリスト者にゆるしを請いました。

　英国国教会はヘンリー八世の時代に始まりました。彼は教皇の指導権を拒否し、自分が教会の長になったのです。約 470 年前のことです。

　改革派教会（長老派、オランダ改革派、他）は、およそ 470 年前にスイスに住んでいたカルヴァンの教えに従った人たちの教会です。

　メソジスト教会は、260 年前にジョン・ウェスレーとチャールス・ウェスレーによって創設されました。彼らは、自分たちが属していた英国国教会を改革しようと望んだのです。

イエスの時代	1000	1500	2000
・ローマ・カトリック			
ルーテル教会	1530 年		
英国国教会	1550 年		
改革派教会	1550 年		
メソジスト教会	1750 年		

6．聖書の分かち合い法

1．「7段階（セブンステップ）」法

1．神さまを招待します。
　　どなたか1、2名の方が、祈りでイエスを招いてください。

2．聖書を読みます。
　　………章………を開きましょう。
　　どなたか、節………を読んでください。
　　（もし可能なら、どなたか異なるバージョンの聖書を再び読んでください）。

3．ことばを選び、それらについて黙想します。
　　単語か短いフレーズを選んで声に出して祈るように読みます。次の人が読む
　　前に、少し沈黙を保ちます。
　　（それからもう一度、テキスト全体を読みます）。

4．沈黙のうちに神さまに語りかけていただきます。
　　………分の間沈黙して、その間、神さまに語りかけていただきます。

5．心の中で聞いたことを分かち合います。
　　各自、どのことばが心にとどまりましたか。
　　（「霊的経験」についても分かち合いができるかもしれません。例えば、どの
　　ように「生活のみことば」を実践したかについてです。
　　ただし、議論はしません。たとえ誰かが聖書のみことばについてコメントし
　　たとしてもです）。

6．グループとして取り組むことが求められる課題について話し合います。
　　ａ）前回の課題について報告します。
　　ｂ）新たにどんな課題に取り組むべきですか。
　　　　誰が、いつ、何を行いますか。

7．自発的に一緒に祈ります。
　　ａ）全員が自発的な祈りに参加します。
　　ｂ）全員が知っている祈りか、聖歌で集いを終えます。

２．「共同応答（グループレスポンス」法

共同応答法と言われる、聖書の読み方をしてみましょう。みことばが自分の心にどのように響いたか、個人的に分かち合いません。私たちの共同体、つまり、小教区、村、町、国が抱えている問題について考えます。

●主を迎えます。どなたか、祈りを通して主をお招きしてくださいませんか。

１．**聖書を読みます。**
　　●聖書を２度読みます。
　　●単語か句を選びます。
　　　それを声に出して繰り返し読んでください。
　　　次の人が読む際は、先に読んだ人との間に少し沈黙を置いてください。

２．**私たちの共同体が抱える問題で、聖書で言及されているものは何ですか。**
　　●それでは、小グループに分かれて話し合いましょう。各自、隣の人と話してください。話し合うことは、
　　　「私たちの小教区、村、町、国が抱える問題で、聖書で言及されているものは何ですか」。
　　　この質問は次のように言い換えることもできます。
　　　「聖書は私たちの共同体にどのような問題があるということを気づかせてくれますか」。
　　●この質問について、５分間話し合います。
　　●その後、各グループが報告します。
　　●それでは、さらに話し合うべき問題を一つ選びましょう。
　　　小グループに分かれて話し合いましょう。それぞれ隣の人と話してください。

３．**神さまは私たちの抱える問題についてどう語りかけておられますか。**
　　●３分間、沈黙を保ちます。沈黙する間、自分自身に問いかけます。
　　●「神さまは福音の中で私たちに何を語りかけてくださいましたか。私たちの抱える問題については、どう語りかけておられますか」。
　　●３分後、神さまが私たちの抱える問題についてどう助言されているか、互いに話し合います。

４．**神さまは私たちに、何をしてほしいのでしょうか。**
　　　誰が、いつ、何をしますか。

3.「見―聴き―愛する」法

導入：
　今日の集いは、聖書は読まずに日常生活上の現実を見つめることから始めたい
と思います。
「見―聴き―愛する」方法に沿って集いを進めます。

　●私たちは神さまを招待します。
　　どなたか、祈りを通して主をお招きしてくださいませんか。

ステップ1：生活を見てください。
　「私たちは、最近の経験を語ってくれるように数人に依頼します」。
あなたが重要だと考える体験や実際に関わった問題について話してみてくださ
い。ただし、簡潔にお願いします。その体験とは、職場などの公の場でのこと
でもかまいませんし、家庭や隣近所でのことでもかまいません。
「それでは、討論するために、提示された体験の中から一つを選びましょう」。
話し合うべき体験が決まったら、進行係は次の質問をして、話し合いを進めて
ください。
「どんなことが起こりましたか」。：私たちは事実について全て知っていますか。
そのことについてさらに話してもらうことができますか。
「なぜそれは起こりましたか」。：なぜ起こったのか原因を探しましょう。
「あなたはそれについて、どう考えますか」。

ステップ2：神さまに耳を傾けてください。
　「神さまはこの問題について、どうお考えでしょうか」。
約5（あるいは3）分間、沈黙のうちに神さまに耳を傾けましょう。その間、自
分の考えはいったん横に置いて、神さまがどのようにお考えになるのか慎重に
耳を傾けましょう。聖書は開きませんが、聖書に記されたことばや出来事を静
かに思い浮かべましょう。想像してみましょう。神さまが今、この問題につい
て話をするとしたら、何とおっしゃるでしょうか。
「神さまがこの問題に対して、どうお考えなのかについて分かち合ってください」。
この時、関連する聖書のことばを読んだり、教えてもらうかもしれません。もし、
適当なことばが思い浮かばなければ、次のステップへ進んでください。

ステップ3：愛の実践。
　「神さまは、私たちがどう行動することをお望みでしょうか」。
　「誰が、いつ、何を行いますか」。

4．「生活－聖書－ノート（書きとめ）」法

1．生活の状況
　　今日の私たちの生活における問題：……………………………………………
……………………………………………………………………………………………

　導入質問：
　　●私たちの問題に関して、誰がその事実や詳細について知っていますか。
　　●人々はその問題に関して、どう考えますか。
　　●なぜ私たちは、そのような問題を抱えていますか。
　　　（その答えに対して）では、なぜですか。
　　　（その答えに対して、さらに）では、なぜですか。
　　●そのような状況では、誰が苦しみ、誰が得をしますか。
　　●最初に挙げた私たちの質問を別の角度から見た場合に導き出される質問（複
　　　数）。…………………………………………………………………………………
　　　…………………………………………………………………………………………

2．神さまのことば
　　私たちの問題が反映されている聖書の箇所：………………………………………

　導入質問：
　　●どのことば、もしくは文章に対して、正しいと思いますか。また、喜びを
　　　感じますか。
　　●どの文章に対して、そうは思わないと考えますか。そして、そう考えた理
　　　由を話してください。
　　●世論では私たちの問題に関して何と言っていますか。その問題に関して、
　　　ラジオやテレビではどう扱っていますか。
　　●私たちの問題に対する神さまの見解は何だと思いますか。
　　●聖書のメッセージと私たちの問題を関連づけるのに役立つ質問（複数）。
　　　…………………………………………………………………………………………
　　　…………………………………………………………………………………………

3．私たちの応答
　　神さまは、私たちがどうすることをお望みですか。
　　「誰が、いつ、何を行いますか」。
　　…………………………………………………………………………………………
　　…………………………………………………………………………………………
日付：………………………共同体名………………………………………

---

7. 社会的・経済的闘いの時代を生きるキリスト者の務め

（教会公文書）

1. なぜ私たちキリスト者は政治問題、経済問題にかかわらなければなりませんか。

　　全世界の司教たちは私たちに次のように勧めます。
　　「現代の人々の喜びと希望、苦悩と不安、特に貧しい人々とすべての苦しんでいる人々のものは、キリストの弟子たちの喜びと希望、苦悩と不安でもある」（『現代世界憲章』1）。
　　「こうした使命を果たすために教会は、常に時のしるしについて吟味し、福音の光のもとにそれを解明する義務を課されている。そうすることによって教会は……われわれが生きている世界とその期待、願望、しばしば劇的なものではあるがその特性を認識し理解する必要がある」（『現代世界憲章』4）。

　　もし私たちがキリスト者と呼ばれたいなら、世界の不正と貧困を克服するための闘いに参加しなければなりません。もし「そんなことはわたしのすることではない」と言うなら、もはや「キリストに従う者」と言うことはできません。

　　1971年、ローマに集まった司教たちは次のように言いました。
　　「正義と発展のために働かないなら、人々のもとに『良い知らせ』を持って行くことはできない」と。この時司教たちが話し合ったことは、その書簡『世界の正義』に詳しく読むことができます。

2. 政治的に意見を異にする人たちと、どう接しますか。司教たちは言います。

　　「社会、政治、さらには宗教の問題についてわれわれと異なる意見を持ち、異なる行動をとる人々をも尊敬し愛するようにしなければならない。それゆえ、われわれが思いやりと愛とをもって、彼らの考え方をより深く理解しようとすればするほど、彼らとの対話に入ることはより容易になるであろう」（『現代世界憲章』28）。

3. 労働組合について教会の指導者たちは、何と言ってきましたか。

　　司教たちは、教皇とともに、世界の労働者の側に立ち、労働者が、例えば、労働組合を組織するように団結する権利があることを擁護しました。例えば、司教と教皇は、次のように言っています。
　　「労働者が自由に組合を組織する権利は、基本的人権の中に数えるべきであり、組合は労働者を真実に代表し、経済生活を秩序正しく配慮することに寄与できるものでなければならない。また報復の危険なしに組合活動に自由に参加する権利も基

本的人権の中に数えなければならない」(『現代世界憲章』68)。

教皇ヨハネ・パウロ二世は、次のように言っています。
「労働組合は、社会正義の実現のための闘争の代弁者である。この闘争は、労働者が望む正しい善を獲得する『ため』の正当な活動と見なすべきであって、他の人々に『対抗』する闘争であってはならない」(『働くことについて』20)。

4. 労働者も企業の経営に対して発言しなければなりませんか。

教皇ヨハネ二十三世は、次のように言っています。
「労働者は自分の職場をただ賃金を稼ぐ場としか見なさないようなことがあってはならない。経営に対して責任を持ち、自分たちの労働はそのためにあるのだと考えなければならない。『つまり、労働者もその企業の順調な発展について発言もし貢献もし得るものでなければならない』(『マーテル・エ・マジストラ』15)」。

5. 失業について教皇は何と言っていますか。

教皇ヨハネ・パウロ二世は、失業は正真正銘の悪である、と言っています。人は皆、働く権利があり、働いて自らを心身ともに豊かにする権利を持っていると、教皇は言います。雇用者、特に巨大な国家企業や国際企業の経営者に対して、人々の雇用を最優先するように訴えています。最も重要なことは高い収益を上げることではなく、まず人が来ることです。

また、教皇は次のように言っています。
「若い人たちが仕事に就くために準備し訓練を受けても、仕事に就けないということがあれば、それは大変痛ましいことである。失業者は自分自身と家族を養うために失業手当により保護されなければならない。すべての人は生きる権利を有している。この世の善は、すべての人が使うために創造されたのである」(『働くことについて』18)。

6. 女性の権利について

教皇ヨハネ二十三世は、次のように言っています。
「女性は自分たちの人間としての尊厳についてますます自覚が深まってきました。それで自分たちが単なる物質的な道具として扱われることに耐えられず、家庭内でも公の場でも人間としてふさわしく扱われる権利を要求します」(『地上の平和』22)。

母親の役割は再評価されなければなりません。母親は子供に愛を注ぎ、世話をし、

優しい心を示すことがその使命です。母親は子供を育てる時間を持たねばなりません。ところが、子供を持つ母親は、しばしば冷遇されています。

　ヨハネ・パウロ二世は、次のように言っています。
　「家庭の外での仕事をするために（母親としての）務めを犠牲にするということは、それがために子どもに対する母親の務めを果たせなくなったり、あるいは妨げとなったりするならば、社会と家庭の善という観点からみて間違っています」。

　したがって女性の仕事は、子供と家庭に対する母親としての務めを両立できるように設定されなければなりません。子供を持つ女性が、持たない女性に比べて、冷遇されるということがあってはなりません。自分自身を豊かにするチャンスは、平等に与えられなければなりません。

7. 教会は、富の公平な分配について発言します。

　教皇ピオ十一世は、世界の富が公平に分配されていないと訴えました。
　ある人たちが莫大な財産を持っている一方で、ある人たちは何も持っていません。「それ故一人ひとりの人がそれぞれ自分自身の分け前を受け取るべきである。非常に富んだわずかな人と何も持たない無数の人々との間に計り知れない格差があることは重大な悪である。『社会正義』の法則とも呼ばれる『共通善』の法則によってこの状況は改善されなければならない」（『クアドラゼジモ・アンノ』58）。

8. 教会は解放の闘いに参加します。

　教皇パウロ六世は、教会が人々の解放のための闘いにどのように協力するのかについて、次のように述べます。
　「教会が、人々の解放に協力するために、固有の様式、厳密に福音的な手段にますます自覚的となっていることに喜びを覚えています。……教会は、数多くのキリスト教徒が他の人々の解放に身をささげるようにと、ますます励ます努力をしています。さらに教会はこれらのキリスト教的『解放者たち』を信仰の精神に導き、兄弟愛の根拠、そして社会についての教説を提供しています。……福音化が宣言し準備する解放とは、キリストご自身が告げ知らせ、彼の犠牲をとおして人間に与えられた解放なのであります」（『福音宣教』38）。

8. 聖書のことばの索引

マタイ 16・13 - 20	109	ルカ　1・26 - 28	114
マタイ 16・18 - 19	74	ルカ　1・28	115,　117
マタイ 16・24 - 27	127	ルカ　1・35	104,　115
マタイ 16・24 - 28	25	ルカ　1・39 - 45	115,　116
マタイ 18・20	159	ルカ　1・42	118
マタイ 18・21 - 22	138	ルカ　1・46 - 56	116
マタイ 18・23 - 35	138	ルカ　2・1 - 14	65
マタイ 19・5 - 6	142	ルカ　3・21 - 22	104
マタイ 19・16 - 26	25,　62	ルカ　5・27 - 32	20
マタイ 22・23 - 33	170	ルカ　6・31 - 36	138
マタイ 22・37 - 40	80	ルカ　7・11 - 17	73
マタイ 25・14 - 30	79,　109	ルカ　7・36 - 50	136,　138
マタイ 25・31 - 46	170	ルカ　8・1 - 3	74
マタイ 26・26 - 29	132	ルカ　9・24	170
マタイ 26・36 - 46	84	ルカ 10・1 - 9	109
マタイ 27・27 - 56	85	ルカ 12・33 - 34	25
マタイ 28・1 - 10	89	ルカ 14・7 - 11	25
マタイ 28・16 - 20	109	ルカ 14・12 - 14	72
マタイ 28・19	104	ルカ 14・25 - 33	20
マタイ 28・19 - 20	148	ルカ 15・1 - 7	138
		ルカ 15・11 - 32	12
マルコ　1・9 - 11	101	ルカ 17・11 - 19	73
マルコ　1・40 - 45	154	ルカ 17・20 - 21	77,　79
マルコ　2・1 - 12	152	ルカ 18・9 - 14	32
マルコ　4・26 - 29	79	ルカ 18・35 - 43	73
マルコ　4・30 - 32	79	ルカ 22・19	49
マルコ 10・1 - 12	142	ルカ 23・32 - 43	83,　170
マルコ 10・35 - 45	148	ルカ 24・13 - 35	90
マルコ 10・35 - 45	158	ルカ 24・39	168
マルコ 13・9 - 13	163		
マルコ 14・22 - 26	130	ヨハネ　1・1 - 5	38
		ヨハネ　1・1 - 18	66,　103

来歴：2003. 6.26：本書はソウル教区のお許しを得て、小共同体の研究・開発のために
　　　　　　　　　長崎教区で翻訳したものです。

　　　2007. 2.11：試用の結果、「Ａ．私たちの身の周りのことから」など日本人の感
　　　　　　　　　覚に合うように改正した。主な変更点は次のとおりです。

　　　　　　　　　①「Ａ．私たちの身の周りのことから」を日本人の感覚に合うよう
　　　　　　　　　　に変えた。
　　　　　　　　　　　第6、12、14、15、18、19、20、21、27、28課
　　　　　　　　　②「進行係のためのメモ」の項目を「覚えましょう」の前に新設し
　　　　　　　　　　た。
　　　　　　　　　③「覚えましょう」は原本では、巻末にまとめられていたが、各課
　　　　　　　　　　の最後の箇所へ移した。
　　　　　　　　　④175頁の付録の項目は、LUMKO版のものを入れた。
　　　　　　　　　⑤項目の訳は、混乱を避けるためにLUMKO版に合わせた。

　　　2010.10. 1：『共に歩む旅』入門講座や各共同体での試用結果を織り込み、改正
　　　　　　　　　した。
　　　2015. 3.17：使用実績を織り込み、改訂した。
　　　2017. 8.15：誤字・脱字を修正した。

ともにこの道を――キリスト道 入門書

編　集――カトリック長崎大司教区　小共同体推進室

〒852-8113　長崎市上野町 10 番 34 号
　　　　　　　カトリックセンター　小共同体推進室
Tel (095) 842-4450　Fax (095) 842-4460

発売元――サンパウロ

〒160-0004　東京都新宿区四谷 1-13　カタオカビル 3 階
宣教推進部(版元)　(03) 3359-0451
宣教企画編集部　(03) 3357-6498

印刷所――日本ハイコム　(株)

2008 年　2 月20日　初版発行
2015 年　3 月17日　改訂初版
2017 年 12 月 3 日　改訂 2 刷